我们一起解决问题

服务行业工作全流程快速入门系列

物业服务工作全流程指南

10大环节、56个细节的应对与处理

邵小云 ◎编著

人民邮电出版社

北　京

图书在版编目（CIP）数据

物业服务工作全流程指南：10大环节、56个细节的应对与处理 / 邵小云编著. -- 北京：人民邮电出版社，2024.5
（服务行业工作全流程快速入门系列）
ISBN 978-7-115-63985-1

Ⅰ．①物… Ⅱ．①邵… Ⅲ．①物业管理－商业服务－中国－指南 Ⅳ．①F293.347-62

中国国家版本馆CIP数据核字（2024）第056218号

内 容 提 要

本书详细描述了物业服务工作全流程，深入介绍了业主入伙服务、二次装修服务、安全护卫服务、智慧停车服务、环境绿化服务、物业保洁服务、物业维护服务、物业费用收缴服务、客户服务管理、客户投诉处理共10大环节的56个细节，并提供了大量可供参考的范本和案例。

本书适合物业服务人员、管理人员阅读，也可以作为相关培训机构的培训用书。

◆ 编　著　邵小云
　　责任编辑　陈　宏
　　责任印制　彭志环
◆ 人民邮电出版社出版发行　　北京市丰台区成寿寺路11号
　　邮编　100164　电子邮件　315@ptpress.com.cn
　　网址　https://www.ptpress.com.cn
　　涿州市京南印刷厂印刷
◆ 开本：787×1092　1/16
　　印张：12.5　　　　　　　　　　　2024年5月第1版
　　字数：230千字　　　　　　　　　2024年5月河北第1次印刷

定　价：65.00元

读者服务热线：（010）81055656　印装质量热线：（010）81055316
反盗版热线：（010）81055315
广告经营许可证：京东市监广登字20170147号

前　言 |preface

　　物业管理是现代城市中不可或缺的。一家好的物业管理企业，不仅要为业主提供优美、安全的居住环境，还要维护物业整体形象，提高物业的品牌价值。未来，随着科技的进步，物业管理将更加智能化、专业化。

　　然而，不管物业管理有多么智能化，所有的业务都需要遵循一定的流程，流程管理是物业管理企业运作的基础，是物业管理企业持续提高绩效的强大动力，在物业管理企业运行中是必不可少的。

　　首先，物业管理企业实施流程管理，可以建立工作准则，优化岗位责任，把合适的工作交给合适的人去做，让每位员工做能产生最大价值的事，从而降低人工成本，创造更大的效益。

　　其次，物业管理企业通过简化流程可以提高服务效率及资金周转速度，增强自身竞争力。

　　最后，物业管理企业还可以"复制"优秀员工的经验与技巧，批量培养人才，减少核心人员离职、人才流失所带来的损失。合理明晰的流程和制度可以解放管理层和员工。物业管理企业还可以批量"复制"健全的流程规范和标准，从而促进自身发展及规模扩大。

　　总之，物业管理企业通过流程管理，对所有的规章制度进行重新梳理后再提炼，可以让每项工作任务从开始到结束都能权责明晰、细节清楚，这样服务水平自然就提高了，业主的满意度也会大幅度提高，一切与物业相关的工作就容易开展，物业管理企业就可以高效运行。

　　基于此，作者参照《中华人民共和国民法典》《物业管理条例》编写了本书，本书主要对业主入伙服务、二次装修服务、安全护卫服务、智慧停车服务、环境绿化服务、物业保洁服务、物业维护服务、物业费用收缴服务、客户服务管理、客户投诉处理共 10 大环节的 56 个细节进行了详细的讲解。

　　本书图文并茂，用浅显的语言和生动的图片，系统地介绍和梳理了物业服务工作全流程，读者不仅读起来轻松，而且可以快速掌握各环节涉及的知识。

　　由于作者水平有限，书中难免存在疏漏之处，敬请广大读者批评指正。

目　录 |contents

环节 9　客户服务管理

环节 10　客户投诉处理

环节 1　业主入伙服务

入伙是整个物业服务工作中非常重要的一个环节，它是物业管理企业真正意义上第一次与业主的零距离接触，也是物业管理企业展示企业形象、服务水平、专业能力的契机，同时对物业管理企业的品牌建设和可持续发展有深远的影响。

一般来说，业主入伙服务流程如图 1-1 所示。

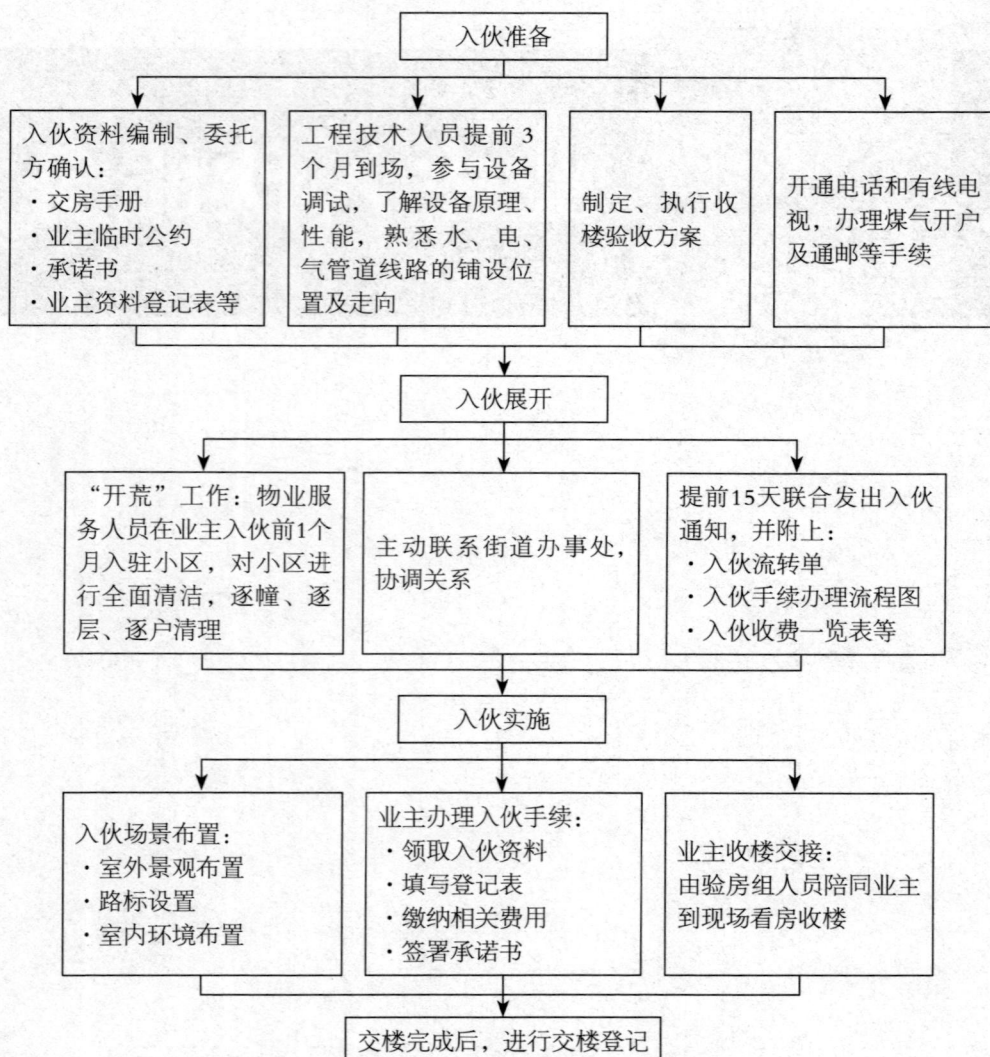

入伙准备

入伙资料编制、委托方确认：
· 交房手册
· 业主临时公约
· 承诺书
· 业主资料登记表等

工程技术人员提前 3 个月到场，参与设备调试，了解设备原理、性能，熟悉水、电、气管道线路的铺设位置及走向

制定、执行收楼验收方案

开通电话和有线电视，办理煤气开户及通邮等手续

入伙展开

"开荒"工作：物业服务人员在业主入伙前1个月入驻小区，对小区进行全面清洁，逐幢、逐层、逐户清理

主动联系街道办事处，协调关系

提前15天联合发出入伙通知，并附上：
· 入伙流转单
· 入伙手续办理流程图
· 入伙收费一览表等

入伙实施

入伙场景布置：
· 室外景观布置
· 路标设置
· 室内环境布置

业主办理入伙手续：
· 领取入伙资料
· 填写登记表
· 缴纳相关费用
· 签署承诺书

业主收楼交接：
由验房组人员陪同业主到现场看房收楼

交楼完成后，进行交楼登记

图 1-1　业主入伙服务流程

细节01：做好入伙前准备工作

业主入伙前，物业管理企业应做好图 1-2 所示的准备工作。

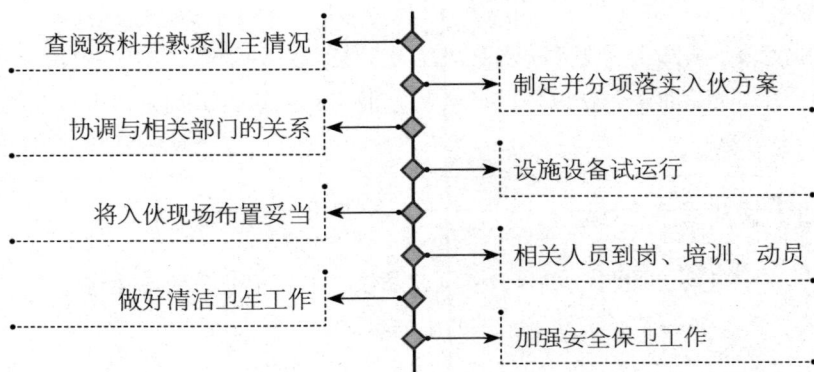

图 1-2　业主入伙前物业管理企业应做好的准备工作

（一）查阅资料并熟悉业主情况

（1）入伙前 90 天，由物业项目负责人与房地产开发商（简称"开发商"）营销部确定入伙时间、本次入伙户数，并交接本次入伙业主的详细资料。

（2）入伙前，物业管理企业应组织人员及时从开发商处取得业主的详细资料，将其与已接收的物业资料仔细对照，进一步熟悉每一位业主及其所购房屋的相关资料，这样才能为每一位业主提供周到的服务。

（二）制定并分项落实入伙方案

（1）制定入住流程。

（2）根据小区的实际情况和管理协议中对小区管理的要求，制定入伙后对治安、车辆管理、垃圾清运等的改进意见或整改措施。

（3）印刷相关的文件资料，如管理公约、住户手册、入伙通知书、收楼须知、收费通知单、房产交接书、入伙表格等。

入伙是物业管理企业第一次正式向业主提供的服务，相当考验物业管理企业的管理能力，入伙管理工作的成败主要取决于入伙方案的质量。

（三）协调与相关部门的关系

物业管理企业要与开发商一起同水、电、燃气、通信等公用事业部门就相关问题进行协调，避免业主入伙以后因此类问题而引起纠纷，影响入伙工作及物业服务工作的正常开展。

（四）设施设备试运行

给排水、电梯、照明、空调、燃气、通信、消防报警系统试运行，如有问题须及时整改，确保各设施设备处于正常的工作状态。

（五）将入伙现场布置妥当

1. 确定入伙场地

入伙场地原则上应选在物业项目会所，这样不仅能保证环境优美，也便于向业主展示会所的服务项目。若该物业项目未配备会所，应选择在较舒适的场所提供服务，并保证有良好的通风和采光，避免环境过于寒冷或炎热。

2. 布置入伙现场

布置入伙现场时应注意图 1-3 所示的几点。

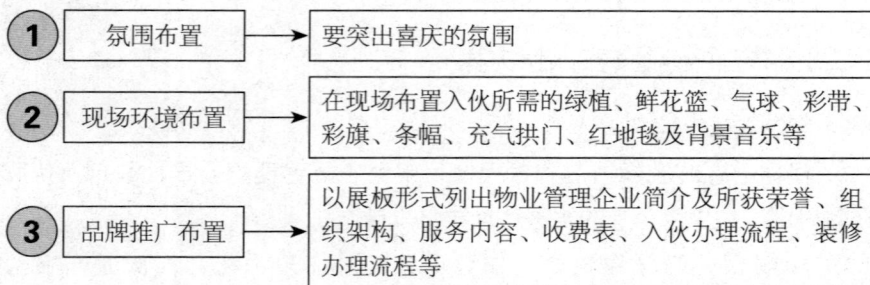

1 氛围布置	→	要突出喜庆的氛围
2 现场环境布置	→	在现场布置入伙所需的绿植、鲜花篮、气球、彩带、彩旗、条幅、充气拱门、红地毯及背景音乐等
3 品牌推广布置	→	以展板形式列出物业管理企业简介及所获荣誉、组织架构、服务内容、收费表、入伙办理流程、装修办理流程等

图 1-3　布置入伙现场的注意事项

3. 准备现场接待物料

为保证现场接待工作顺利开展，应提前准备好接待所需的各种物料。

（1）按分组情况提供规定数量的台凳供现场工作人员使用，并在台面上铺好红布，业主接待区安排一定数量的座椅，数量为入伙户数的 50%。

（2）配备饮水机一台、适量的饮用桶装水及一次性水杯，以便为业主提供饮用水。

（3）准备应季的水果及糕点，为休息区业主提供饮食，具体数量及品质标准视当日入伙户数及入伙项目而定，避免浪费。

（4）配备一台复印机及适量的复印纸，协助业主复印相关资料。

（5）提前准备好雨伞，以防突然下雨。

4. 布置入伙场地标识

物业管理企业应安排专人布置入伙现场和路线（含标识），布置时应考虑到出入口位置，避免路线复杂，力求一目了然。入伙场地标识主要有图 1-4 所示的几种。

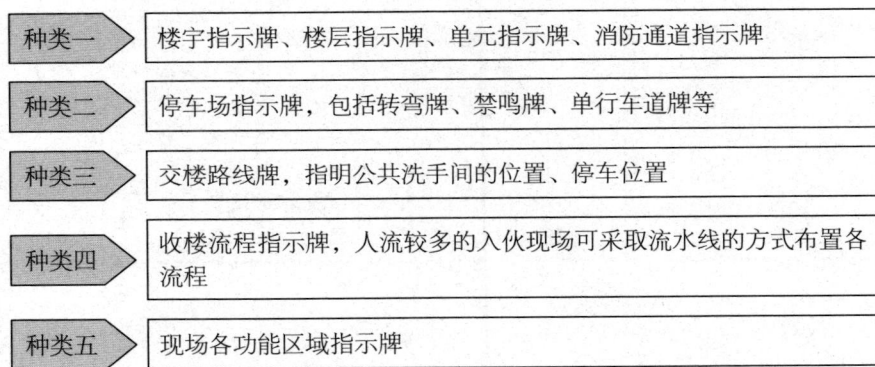

种类一	楼宇指示牌、楼层指示牌、单元指示牌、消防通道指示牌
种类二	停车场指示牌，包括转弯牌、禁鸣牌、单行车道牌等
种类三	交楼路线牌，指明公共洗手间的位置、停车位置
种类四	收楼流程指示牌，人流较多的入伙现场可采取流水线的方式布置各流程
种类五	现场各功能区域指示牌

图 1-4 入伙场地标识种类

（六）相关人员到岗、培训、动员

入伙前，相关人员应全部到位，接受严格的培训。物业管理企业应对他们进行充分动员，以提升其工作能力，激发其工作热情，这样他们才能在今后的工作中减少差错，确保服务质量。

物理管理企业可将相关人员分组，按岗位职责对其进行专项培训。

下面提供一份物业管理企业入伙项目人员配备及岗位职责范本，仅供参考。

某物业管理企业入伙项目人员配备及岗位职责

1. 迎宾组

迎宾组人员配备及岗位职责

岗位设置		组长1名，组员若干名
工作职责	组长职责	（1）监督小组成员工作 （2）安排小组成员定岗工作 （3）培训小组成员，如接待礼仪、标准动作等 （4）处理本区域内的突发事件 （5）疏导本区域内的闲杂人员
	组员职责	（1）全程使用礼貌用语，微笑服务 （2）在停车场维护停车秩序，保证车辆安全停放 （3）为业主提供开车门服务 （4）做标准的交通指引手势，正确引导车辆进出 （5）引导业主进入入伙现场办理签到手续 （6）维持外围的正常秩序，保证道路畅通 （7）监控场外安全防范工作

2. 签到组

签到组人员配备及岗位职责

岗位设置		组长1名，组员若干名
工作职责	组长职责	（1）监督小组成员工作 （2）解答业主的签到咨询 （3）培训小组成员，如接待礼仪、标准动作等 （4）处理本区域内的突发事件 （5）疏导本区域内的闲杂人员
	组员职责	（1）迎接和欢送入伙业主 （2）验证业主资料 （3）引导业主在签到本上签名 （4）维护签到区域的现场秩序 （5）为业主介绍下一步流程

3. 引导组

引导组人员配备及岗位职责

岗位设置		组长 1 名，组员若干名
工作职责	组长职责	（1）安排、监督小组成员的工作 （2）处理突发事件 （3）统筹疏导入伙现场人员流量
	组员职责	（1）以一对一或一对二的方式全程跟进业主入伙流程 （2）协助签约组人员复印相关证件 （3）解答业主的咨询 （4）合理安排现场人流，协助各组开展工作 （5）维护入伙现场的秩序

4. 后勤服务组

后勤服务组人员配备及岗位职责

岗位设置		组长 1 名，组员若干名
工作职责	组长职责	（1）安排、监督小组成员的工作 （2）监督所提供食品的质量 （3）保证食品充足 （4）维护食品供给秩序
	组员职责	（1）为休息区业主提供茶点服务 （2）及时清理休息区桌面杂物，保证休息区环境的整洁 （3）保证供给食物的质量 （4）保证服务的及时性

5. 签约组

签约组人员配备及岗位职责

岗位设置		组长 1 名，组员若干名
工作职责	组长职责	（1）安排小组成员的工作 （2）监督小组成员按作业指导书规定操作 （3）对小组成员移交的业主问题做进一步解释 （4）将本小组无法解决的问题移交给现场负责人 （5）保管本小组物料，收集文件

（续表）

工作职责	组员职责	（1）核验入住手续汇签单 （2）核验、收集业主入伙资料，包括入伙通知单、业主身份证原件及复印件、购房合同书（核原件，留存复印件）、银行存折原件和复印件（核原件，留存复印件） （3）引导业主填写业主收楼登记表、业户情况登记表、入伙文件资料签收单 （4）指导业主签订临时管理规约、前期物业管理服务协议、银行代收费协议书 （5）将签订完毕的相关资料装袋 （6）在入住手续汇签单上签字盖章，引导业主进入下一道程序

6. 财务组

财务组人员配备及岗位职责

岗位设置	组长1名，组员若干名	
工作职责	组长职责	（1）安排小组成员的工作 （2）监督小组成员按作业指导书规定操作 （3）对小组成员移交的业主问题做进一步解释 （4）将本小组无法解决的问题移交给现场负责人 （5）保证本小组的现金安全，收集文件
	组员职责	（1）核验入住手续汇签单 （2）向业主预收物业服务费（应符合当地法规，并向业主做好解释工作） （3）向缴费业主出具发票及收据 （4）在入住手续汇签单上签字盖章，引导业主进入下一道程序

7. 验房组

验房组人员配备及岗位职责

岗位设置	组长1名，组员若干名	
工作职责	组长职责	（1）安排小组成员的工作 （2）监督小组成员按作业指导书规定操作 （3）对小组成员移交的业主问题做进一步解释 （4）将本小组无法解决的问题移交给现场负责人 （5）保管本小组物料，收集文件

（续表）

工作职责	组员职责	（1）核验入住手续汇签单 （2）安排专人领取钥匙，陪同业主验房 （3）记录楼宇验收相关信息，记录水、电表底数和物业验收结果 （4）引导业主在物业验收交接记录的相关栏目内签字确认 （5）对于在物业验收过程提出异议的业主，引领其至现场答疑人员处，做进一步解释 （6）在入住手续汇签单上签字盖章，引导业主进入下一道程序

8. 钥匙组

钥匙组人员配备及岗位职责

岗位设置	组长 1 名，组员若干名	
工作职责	组长职责	（1）安排小组成员的工作 （2）监督小组成员按作业指导书规定操作 （3）对小组成员移交的业主问题做进一步解释 （4）将本小组无法解决的问题移交给现场负责人 （5）保管本小组物料，收集文件并归档
	组员职责	（1）核验入住手续汇签单 （2）凭入住手续汇签单和物业验收交接记录，向业主发放全套钥匙，并在楼宇验收交付书上做好登记 （3）如房屋需维修，预约维修时间，预留 1 把装修钥匙供维修人员用，填写钥匙托管承诺书并由业主和经办人签字确认，在维修人员领用钥匙时填写钥匙借用登记表 （4）在入住手续汇签单上签字盖章，将所有资料归档

9. 工程返修组

工程返修组人员配备及岗位职责

岗位设置	组长 1 名，组员若干名	
工作职责	组长职责	（1）安排小组成员的工作 （2）监督小组成员按作业指导书规定操作 （3）对小组成员移交的业主问题做进一步解释 （4）将本小组无法解决的问题移交给现场负责人 （5）保管本小组物料，收集文件并归档

（续表）

工作职责	组员职责	（1）接待有返修需求的业主 （2）解答业主提出的房屋质量问题 （3）核对收楼意见书中涉及的质量问题，并再次与业主确认 （4）确认返修期 （5）跟踪返修过程并与业主沟通 （6）结束返修工作

10. 应急（咨询）组

应急（咨询）组人员配备及岗位职责

岗位设置	组长 1 名，组员若干名	
工作职责	组长职责	（1）协助指导、监督入伙阶段各项计划的实施 （2）协调处理入伙阶段发生的重大投诉 （3）批准及接待新闻媒体的采访 （4）监控现场出现的重大突发事件，紧急疏散业主进入应急区 （5）安抚遭遇突发事件的业主的情绪
	组员职责	（1）分析、解决入伙现场重大投诉等危机事件，提供合理有效的处理方案 （2）及时引导带头业主进入洽谈区，对其进行安抚，了解原因，协商处理方案 （3）维持现场秩序 （4）收集、汇总、分析业主提出的问题 （5）汇报重大危机事件的处理情况

（七）做好清洁卫生工作

在业主入住前应做好环境卫生清洁工作，让业主看到整洁的住宅及环境。

1. 室外环境

室外环境的卫生要求如图 1-5 所示。

喷泉水池、水景	→ 水体清澈、无异味，无明显漂浮物，无泡沫；雕塑无明显灰尘、污迹
公共区域标识牌	→ 无明显污迹、水印、灰尘、锈迹
地下停车场	→ 无明显灰尘、蜘蛛网、污迹
小区外围墙	→ 无明显灰尘、污迹，无乱张贴的广告等
车棚	→ 地面、墙面无明显灰尘、杂物、污迹、蜘蛛网
道路及广场地面	→ 无明显泥沙、污垢、水迹
天面	→ 无杂物、明显积水、污迹、青苔
垃圾中转站	→ 周围无较大面积的污垢，无污水；墙面、门上无黏附物，排水畅通；离站 2 米外无明显异味；垃圾要日产日清
室外垃圾桶	→ 垃圾不溢出，无异味、蚊蝇；箱盖完整；垃圾桶无明显灰尘、污渍
景观灯具	→ 无灰尘、污迹，灯罩内无虫尸、杂物

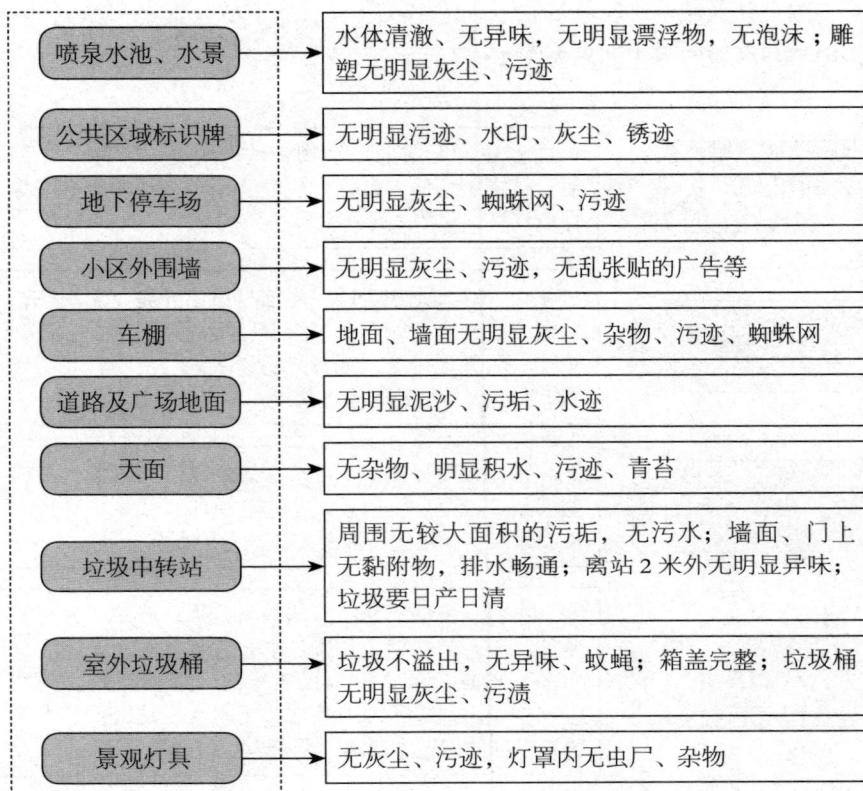

图 1-5　室外环境的卫生要求

2. 公共设施设备

公共设施设备的卫生要求如图 1-6 所示。

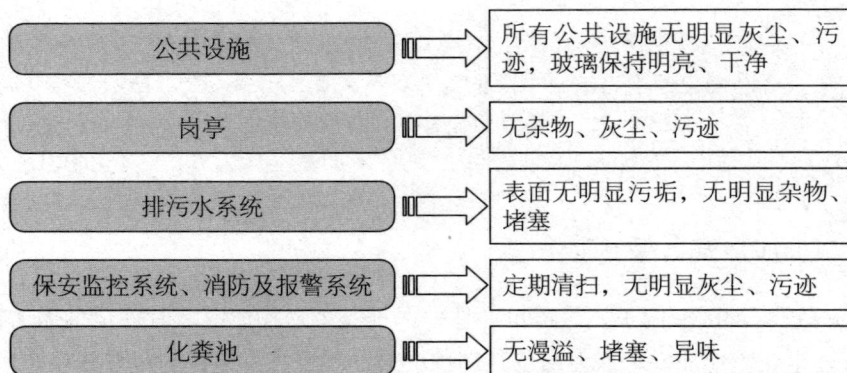

公共设施	⇒ 所有公共设施无明显灰尘、污迹，玻璃保持明亮、干净
岗亭	⇒ 无杂物、灰尘、污迹
排污水系统	⇒ 表面无明显污垢，无明显杂物、堵塞
保安监控系统、消防及报警系统	⇒ 定期清扫，无明显灰尘、污迹
化粪池	⇒ 无漫溢、堵塞、异味

图 1-6　公共设施设备的卫生要求

3. 户内公共区域

户内公共区域的卫生要求如图 1-7 所示。

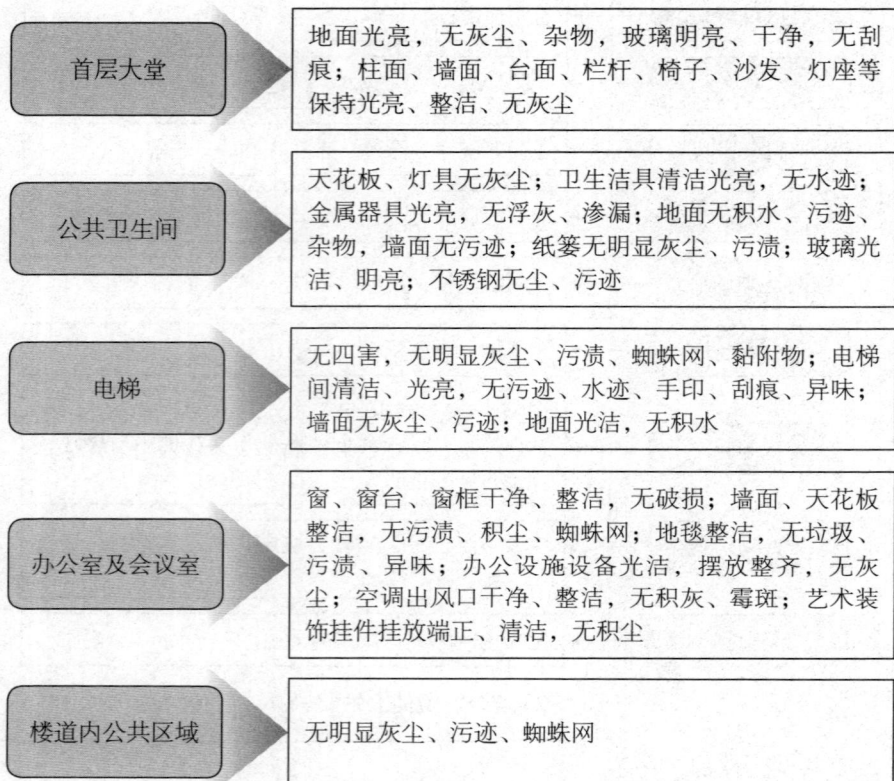

首层大堂	地面光亮，无灰尘、杂物，玻璃明亮、干净，无刮痕；柱面、墙面、台面、栏杆、椅子、沙发、灯座等保持光亮、整洁、无灰尘
公共卫生间	天花板、灯具无灰尘；卫生洁具清洁光亮，无水迹；金属器具光亮，无浮灰、渗漏；地面无积水、污迹、杂物，墙面无污迹；纸篓无明显灰尘、污渍；玻璃光洁、明亮；不锈钢无尘、污迹
电梯	无四害，无明显灰尘、污渍、蜘蛛网、黏附物；电梯间清洁、光亮，无污迹、水迹、手印、刮痕、异味；墙面无灰尘、污迹；地面光洁，无积水
办公室及会议室	窗、窗台、窗框干净、整洁，无破损；墙面、天花板整洁，无污渍、积尘、蜘蛛网；地毯整洁，无垃圾、污渍、异味；办公设施设备光洁，摆放整齐，无灰尘；空调出风口干净、整洁，无积灰、霉斑；艺术装饰挂件挂放端正、清洁，无积尘
楼道内公共区域	无明显灰尘、污迹、蜘蛛网

图 1-7 户内公共区域卫生要求

小提示 物业管理企业应要求清洁工程承包商或保洁员定时进行日常保洁，并安排专人检查，以便给业主留下良好的第一印象。

（八）加强安全保卫工作

为保证管理区域内不发生盗抢事件，保证业主财物能够及时安全地搬入楼内，物业管理企业应增加安全保卫岗位及巡逻次数，制定突发事件防范方案及车辆停放管理方案。

细节02：备好入伙的常用资料

（一）法规条例及政府文件

（1）与物业管理相关的法规条例，如《住宅室内装饰装修管理办法》《房屋建筑工程质量保修办法》。

（2）物业管理企业营业执照及资质证书复印件。

（3）物业竣工验收证明文件或物业竣工综合验收合格证复印件。

（4）相关部门对物业管理综合服务费、停车场收费等收费标准的批复复印件。

（5）相关部门对消防工程的验收合格批文。

（二）主要资料

（1）住宅质量保证书。

（2）住宅使用说明书。

（3）临时管理规约。

（4）前期物业管理服务协议。

（5）银行代收费协议书。

（6）业户手册。

（7）入住通知书。

（8）入伙指引。

（9）业主收楼登记表。

（10）物业验收交接记录。

（11）钥匙托管承诺书。

（12）防火责任协议书。

（13）业户情况登记表。

（14）楼宇验收交付书。

（15）业主钥匙发放确认单。

（16）入住手续汇签单。

（17）入住文件资料签收单。

（18）楼宇验收整改通知单。

（三）入伙指引

入伙指引应与入住通知书一并发放给业主。入伙指引的内容包括：欢迎词，业主入伙需准备和携带的资料，入伙办理流程，装修办理流程，业主在入伙时需要缴纳的费用，关于验房和装修的一些常识和装修规定，等等。

入伙指引应提醒业主需携带的资料，包括但不限于以下内容：

（1）入住通知书、开发商签署的同意入伙的证明文件、房产证明（购房合同）；

（2）业主身份证或营业执照复印件；

（3）银行卡（存折）；

（4）代理入伙委托证明、代理人身份证；

（5）开发商要求的其他资料；

（6）业主及同住人的照片。

（四）其他资料

（1）入伙前，物业管理企业应请开发商确定防盗门、窗花、阳台推拉门、遮阳棚等的样式、规格、用材等。如允许在阳台安装防盗网，还须确定防盗网的样式。

（2）购房合同中约定配送的设施，如厂家提供操作说明书等资料，物业管理企业应请开发商收集整理，待入伙时一并发放给业主签收。

（3）物业管理企业须准备一定数量的各户型房屋设计平面图、水电走向图等，以便业主装修时参考。

（4）物业管理企业应准备一份入伙时业主需填写资料的样本，并在入伙现场展示。

细节03：集中入伙手续的办理

业主在开发商规定的时间到指定地点办理入伙手续，办理完毕后，业主就算正式入伙了。集中入伙手续最好能一次性办好。

下面提供一份某物业管理企业的集中入伙手续办理流程范本，仅供参考。

范本

某物业管理企业集中入伙手续办理流程

办理流程如下。

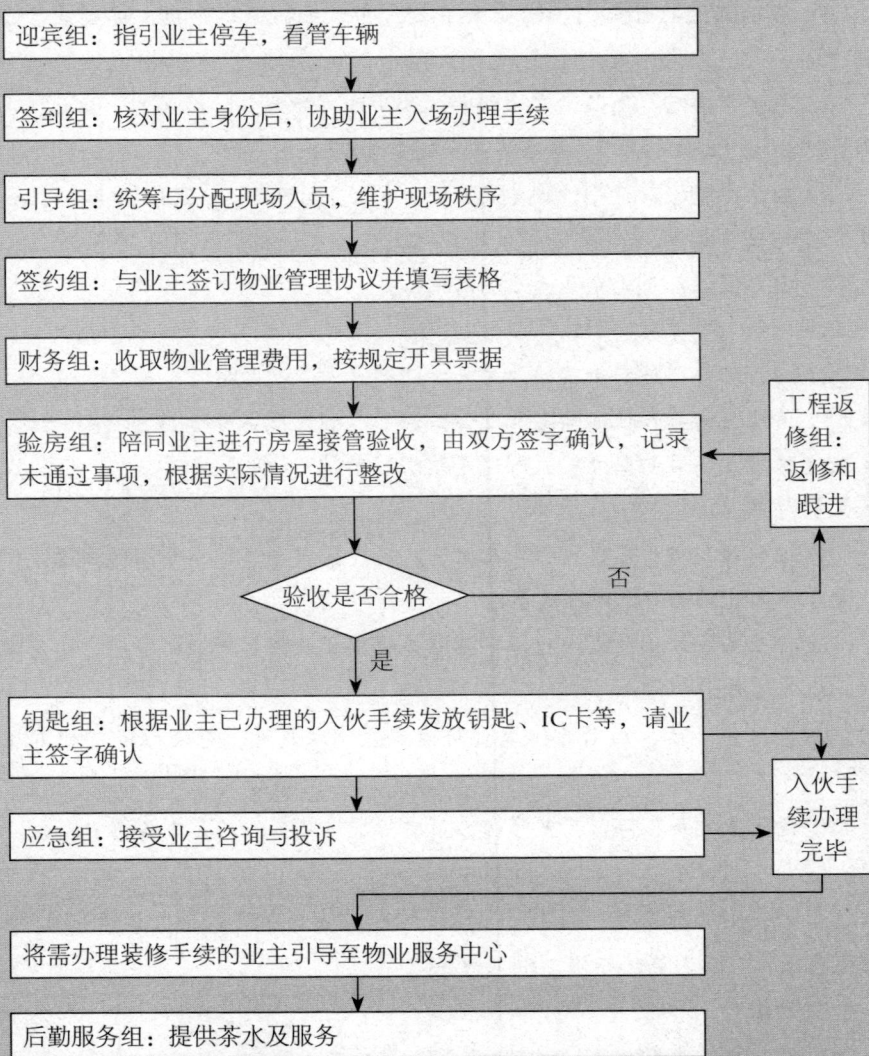

迎宾组：指引业主停车，看管车辆

↓

签到组：核对业主身份后，协助业主入场办理手续

↓

引导组：统筹与分配现场人员，维护现场秩序

↓

签约组：与业主签订物业管理协议并填写表格

↓

财务组：收取物业管理费用，按规定开具票据

↓

验房组：陪同业主进行房屋接管验收，由双方签字确认，记录未通过事项，根据实际情况进行整改 ← 工程返修组：返修和跟进

↓

◇ 验收是否合格 ◇ ——否—→ （工程返修组）

↓是

钥匙组：根据业主已办理的入伙手续发放钥匙、IC卡等，请业主签字确认

↓

应急组：接受业主咨询与投诉 → 入伙手续办理完毕

↓

将需办理装修手续的业主引导至物业服务中心

↓

后勤服务组：提供茶水及服务

流程说明如下。

1. 迎宾组

（1）若业主自驾车辆前来办理入伙手续，迎宾员应在车辆距离岗亭约 10 米时行礼。

（2）表示欢迎，询问房号，指引业主行驶。填写业主车辆进入记录表。

（3）其他迎宾人员见车后做好停车指引，引导业主至停车空位处将车停稳。

（4）帮助业主打开车门，请业主下车，并用手挡住车门框，提醒业主小心碰头。

（5）业主下车后，侧身向业主指明入伙手续办理地点，引导业主前往，遇台阶则提醒业主"小心台阶"，直至将业主送至签到处。

（6）业主办理完入伙手续准备离开时，为业主打开车门，提醒业主小心碰头，行礼，目送业主离开。

（7）出口岗位人员记录业主离开时间。

2. 签到组

（1）向前来办理签到手续的业主表示欢迎。

（2）请业主出示入住通知书及身份证件，以确定业主身份。

（3）核对无误后向业主发放入住手续汇签单。

3. 引导组

（1）由引导组组长或成员引导业主进入签约区或等候区，介绍区域管家，由区域管家全程陪同业主办理入伙手续。

（2）待业主签订相关文件后，安排财务组测算业主需缴纳的费用，提前准备单据，以节约时间。

（3）验房完毕后，由引导组成员陪同业主领取钥匙，办理维修及钥匙托管手续。

（4）询问业主是否停留，若停留，则安排后勤服务组人员准备茶点，供业主享用。

（5）若业主选择离开，则由引导组成员或区域管家陪同业主离开入伙现场，向业主告别，然后由迎宾组同事送别业主。

4. 签约组

（1）起身邀请业主入座，业主入座后，自己才入座。

（2）请业主出示入住手续汇签单、入住通知书及房屋买卖合同，确认该业主已办理完相关手续后，请业主出示身份证原件及复印件、购房合同原件及复印件、家庭成员照片、开户银行存折原件和复印件等（如无复印件，将原件交给现场引导组人员复印）。

（3）引导业主填写业主收楼登记表、业户情况登记表。

（4）从资料袋中取出一套入伙签约文件，按顺序逐一向业主介绍文件内容并指引业主填写、签约。

（5）所有签约文件签署完毕后，请业主填写入住文件资料签收单。

（6）将所有应收文件按顺序整理好后放入资料袋并交给组长归档，将应由业主保存的资料装入资料袋后交给业主。

（7）填写入住手续汇签单，并盖章确认。

（8）提醒业主收好资料，并告知其可以进入下一流程。

（9）组长核实相关资料后，起身示意他人引导业主进入下一流程，并向业主告别。

5. 财务组

（1）起身邀请业主入座，业主入座后，自己才入座。

（2）请业主出示入住手续汇签单及房屋买卖合同，并确认该业主已办理完相关手续。

（3）根据房屋买卖合同查看业主所购房屋的建筑面积，并按建筑面积计算物业服务费。

（4）向业主说明应缴纳的物业服务费。

（5）收取业主缴纳的费用，并核实纸币的真假，给业主找零。

（6）给业主出具相关票据。

（7）填写入住手续汇签单，并在相关栏内盖章确认。

（8）提醒业主收好票据，并告知其可以进入下一流程。

（9）起身示意他人引导业主进入下一流程，并向业主告别。

6. 验房组

（1）根据组长安排，向业主做自我介绍，声明将派人陪同其验房，并核对房号。

（2）请业主出示入住手续汇签单，安排人员陪同业主领取钥匙，向业主出示验楼标准。

（3）引导业主按既定路线前往所验房屋。

（4）到达所验房屋外，先前往水表房和电表房，开启所验房屋的水闸和电闸。

（5）请业主先用钥匙开门、关门，检查门锁好坏和大门安装质量。

（6）进入室内，先打开室内配电箱所有开关，打开所有照明开关，陪同业主检查照明线路是否正常，用试电笔测试各插座是否正常供电。

（7）用水桶接水，将水灌入各地漏和洗菜盆、坐便器，检查排水管是否通畅（闭水试验和打压试验自业主申请装修后至装修前进行）。

（8）陪同业主检查各门窗及配件是否齐全、锁扣是否正常、玻璃是否完好、门窗开启是否顺畅。

（9）陪同业主检查墙体、天花板是否平整，有无明显裂缝；测试、验收门禁系统等设施设备。

（10）验收过程中，如发现问题，记录在物业验收交接记录中。

（11）验收完成后，关闭门窗，退出房间后，由业主亲自锁门。

（12）与业主前往水、电表房，抄录水、电表底数，并关闭闸阀。

（13）请业主审核物业验收交接记录中的记录并签字确认，并将业主留存联交给业主。

（14）引导业主在入伙会签单上签字盖章，引领业主进入下一流程。

（15）引领业主前往钥匙组完成钥匙领取手续。

若业主因质量问题拒绝在物业验收交接记录上签字，则引领业主至现场答疑处，为其做进一步解释。

7. 钥匙组

（1）起身邀请业主入座，业主入座后，自己才入座。

（2）查验入住手续汇签单和物业验收交接记录，确认相关手续已办理完毕。

（3）如业主无维修需求，则发放所有钥匙，并在楼宇验收交付书上登记。

（4）向业主告知装修申请办理点。

（5）若业主有维修需求，则与业主预约维修时间。为方便维修，在业主同意的情况下，向业主借1把装修钥匙，并在钥匙借用登记表上做好记录。

（6）在入住手续汇签单上签字盖章。

（7）回收入住手续汇签单，交给组长保管。

8. 应急组

（1）组长接到工作任务时，立即启动应急工作。

（2）根据各项工作任务的特殊性，有针对性地安排组员提供支持或处理。

（3）应急组成员应熟悉各工作组的工作任务和突发事件的处理流程。

（4）应急组成员应遵循上述各小组的工作流程。

（5）若遇投诉，应先接待业主，并判断是否属于有效投诉，同时区分是否为质量问题。

（6）若属于质量问题，应转给工程返修组进行处理，并向业主做好解释工作。

（7）若不属于质量问题，应妥善做好解释工作。

（8）若遇到挑衅等恶意事件，应第一时间报告上级领导，并维护现场秩序。

（9）若遇到人员受伤、晕倒等情况，须及时拨打120急救电话并进行紧急救护。

（10）全程跟踪入伙期间发生的重大事件或投诉的处理过程，并归纳总结。

9. 后勤服务组

（1）向休息区业主介绍饮品、糕点和水果，由业主自行选择。

（2）待业主选定品种后确定所需的数量，并请业主稍候。

（3）在2分钟内为业主送达。

（4）安排专人在休息区巡视，询问业主是否需添加饮品、糕点和水果，如有需求，及时满足。

（5）业主离开休息区时，礼貌送别，并在1分钟内将桌面清理干净，为迎接下一批业主做好准备。

10. 工程返修组

（1）接待返修业主。

（2）回收楼宇验收整改通知单。

（3）汇总业主验房时发现的问题并提出专业意见。

（4）统计验房当日确定的返修问题，若不能准时返修，须诚恳地向业主解释，同时确定完成时间及二次验房时间。

（5）请有返修需求的业主至钥匙组留下1把装修钥匙。

（6）向有意进行二次装修的业主发放房屋平面图、给排水平面图及装修申请表、装修承诺书、装修防火责任书、装修协议书，并向业主说明装修管理规定。

（7）业主离开时，起身礼貌地跟业主告别。

细节04：零散入伙的注意事项

大部分业主会在集中入伙期间办理好各种手续，但也有部分业主因为各种原因无法在规定时间内前来。因此，集中入伙后还会有业主不定期地到物业管理企业办理入伙手续。零散入伙期间，物业管理企业与开发商应注意图 1-8 所示的两个事项。

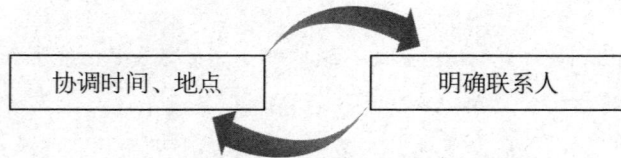

图 1-8　零散入伙期间的注意事项

（一）协调时间、地点

业主办理入伙手续时，一般会先到物业管理企业咨询如何办理手续。但按照正常程序，业主应先找开发商办理完相关手续，才可到物业管理企业继续办理手续。因此，当发现业主还没有找开发商办理手续时，物业管理企业应对业主进行指导。在零散入伙期间，物业管理企业应与开发商协商好办理手续的时间、地点，双方最好在统一时间办理手续，开发商的办公地点要明确、固定，这有助于物业管理企业为业主提供正确的指引。

（二）明确联系人

零散入伙期间，业主会有各种各样的疑问，尤其是在验房后可能会发现很多问题，业主有时会要求尽快答复或处理。物业管理企业应根据所掌握的信息及实际情况及时答复业主。若业主提出的问题须由开发商解决，物业管理企业要及时与开发商沟通。

细节05：新入伙小区的管理重点

新入伙小区的管理重点如图 1-9 所示。

安全管理　　跟进返修工作　　装修管理　　设施设备保护　　小区基本资料及管理制度

图 1-9　新入伙小区的管理重点

（一）安全管理

新入伙小区一般外来人员较多，正常生活与施工同时进行，安全防护设施尚未投入正常使用，存在较大的安全隐患。另外，新入伙小区的车辆管理系统往往尚未完善，外来车辆又往往较多，极易发生车辆损坏或丢车现象。因此，做好小区治安管理、消防安全管理、车辆安全管理及工地安全生产管理就显得十分重要。

（二）跟进返修工作

经验表明，小区入伙后两年内是业主发现房屋质量问题，从而要求维修或补偿的高发时期，也是业主极易与开发商及物业管理企业发生矛盾的时期。房屋有质量问题并不是物业管理企业的责任，但处理不好，往往会令业主与物业管理企业之间产生矛盾，为日后的管理带来麻烦。因此，充当好业主与开发商之间的桥梁，积极跟进返修工作是新入伙小区物业管理的重要内容。

（三）装修管理

装修管理是新入伙小区尤其是集中入伙小区最重要的工作之一。据统计，中型以上小区在新入伙一年内，装修管理的工作量往往占小区物业服务工作量的一半以上。正因如此，新入伙小区的物业服务人员往往比成熟小区多。

（四）设施设备保护

新入伙小区往往有工程在继续进行，这可能会对已完工的建筑及已安装的设备造成影响，业主入伙后的装修工程往往也会造成该问题。因此，保护好已完工的公共设施设备是新入伙小区物业管理的一项重要工作。

（五）小区基本资料及管理制度

对于新入伙小区，物业管理企业应利用各项工程移交验收及业主入伙的机会，完善小区及业主的基本资料，分类造册归档。另外，应根据小区的具体情况，制定各项管理制度，以便往后的日常管理。

环节 2　二次装修服务

做好二次装修服务对保证物业管理水平、维护业主共同利益有重要的作用。
二次装修服务流程如图 2-1 所示。

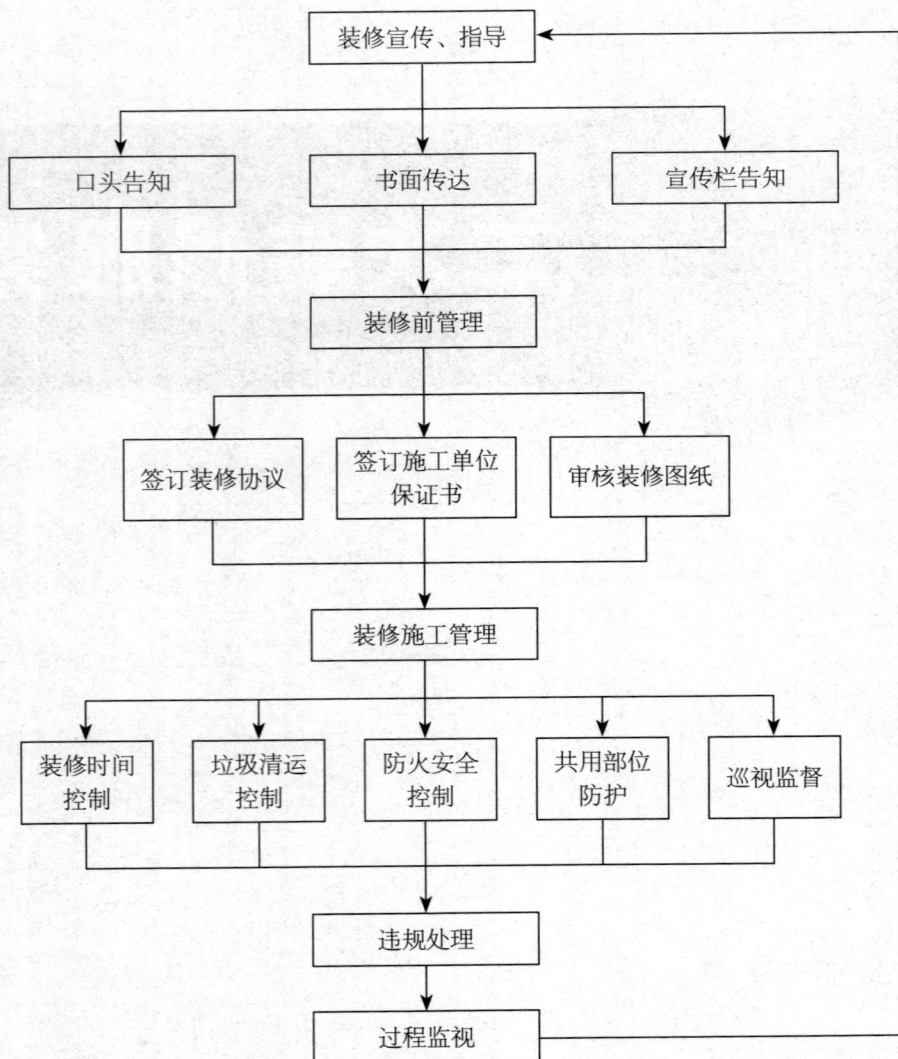

```
                        ┌─────────────────┐
                  ┌────→│  装修宣传、指导   │←──────────────┐
                  │     └─────────────────┘               │
                  │        │    │    │                    │
         ┌────────┘  ┌─────┘    │    └──────┐             │
         ↓           ↓          ↓           ↓             │
   ┌──────────┐ ┌──────────┐ ┌──────────┐              │
   │  口头告知  │ │  书面传达  │ │ 宣传栏告知 │              │
   └──────────┘ └──────────┘ └──────────┘              │
         │           │          │                        │
         └───────────┼──────────┘                        │
                     ↓                                    │
              ┌─────────────┐                            │
              │  装修前管理   │                            │
              └─────────────┘                            │
               │     │     │                             │
        ┌──────┘     │     └──────┐                      │
        ↓            ↓            ↓                       │
  ┌──────────┐ ┌──────────┐ ┌──────────┐                │
  │ 签订装修协议│ │签订施工单位│ │审核装修图纸│                │
  │          │ │  保证书   │ │          │                │
  └──────────┘ └──────────┘ └──────────┘                │
        │            │            │                       │
        └────────────┼────────────┘                       │
                     ↓                                     │
              ┌─────────────┐                             │
              │  装修施工管理  │                             │
              └─────────────┘                             │
        ┌─────┬─────┼─────┬─────┐                         │
        ↓     ↓     ↓     ↓     ↓                         │
  ┌──────┐┌──────┐┌──────┐┌──────┐┌──────┐               │
  │装修时间││垃圾清运││防火安全││共用部位││巡视监督│               │
  │ 控制 ││ 控制 ││ 控制 ││ 防护 ││      │               │
  └──────┘└──────┘└──────┘└──────┘└──────┘               │
      │     │      │      │      │                        │
      └─────┴──────┼──────┴──────┘                        │
                   ↓                                       │
            ┌─────────────┐                               │
            │  违规处理    │                               │
            └─────────────┘                               │
                   ↓                                       │
            ┌─────────────┐                               │
            │  过程监视    │───────────────────────────────┘
            └─────────────┘
```

图 2-1　二次装修服务流程

细节06：装修申请与审批

想要进行室内装修改造的业主应准备好相关资料，及时填写装修申请表，报物业管理企业审批。业主及施工单位应在装修申请表上签字盖章。物业管理企业对业主的申请进行审批，并发放房屋装修管理规定及有关资料。

（一）装修申请

业主要开展装修工作，应先准备好相关资料，如装修施工图纸和施工方案等，并完整填写装修申请表。小区房屋装修申请表如表2-1所示。

表2-1　小区房屋装修申请表

业主姓名		住址		联系电话	
施工单位		负责人		联系电话	
申请装修期限		年　月　日　至　年　月　日			
装修项目（附装修方案）： 1. 2. 3.					
装修保证	本装修人和施工单位保证遵守装修管理规定和其他有关规定，保证按照装修方案完成装修，如有违约，愿意接受物业管理企业的处罚				
业主签字（章） 　年　月　日		施工单位签字（章） 　年　月　日		物业管理企业签字（章） 　年　月　日	
备注					

对于申请装修的业主，物业管理企业应要求其注意以下问题并提供相关资料。

（1）业主办理装修手续，施工单位须提供营业执照复印件（加盖公章）、承建资格证书复印件（加盖公章）。住宅使用人（非业主）申请装修须提供业主同意装修的书面证明。

（2）装修施工图纸和施工方案（若要更改原有水电线路，须提供更改后的水电线路图）。

（3）施工单位负责人身份证复印件、照片、联系电话。

（4）施工人员身份证复印件、照片。

（5）改变建筑物主体或承重结构，超过设计标准或规范增加楼面面积的，须提交建筑物原设计单位或具有相应资质的设计单位提出的设计方案，非住宅用途的房屋还须提交政府部门的施工许可证。

（6）搭建建筑物、改变住宅外立面的，须经城市规划行政主管部门批准后，报物业管理企业备案，并经业主大会或业主委员会同意。

（二）装修审批

物业管理企业在收到业主的装修申请后应及时予以答复。资料不全或不符合规范的，应要求业主进行修改，并重新提交审批。常见的装修申请资料如图 2-2 所示。

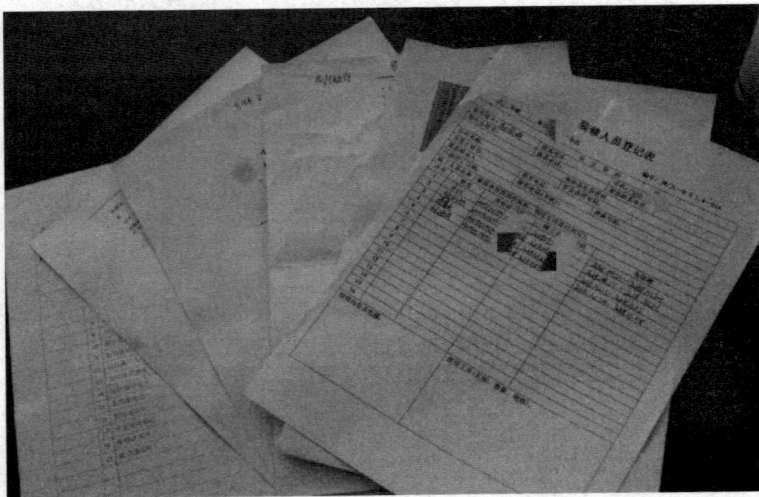

图 2-2　装修申请资料

细节07：施工时间的管理

装修施工不得干扰左邻右舍，不得影响其他单位或个人的工作和休息，因此物业管理企业应加强对装修时间的管理。

一般允许的施工时间为 8：00—12：00 和 14：00—18：00。

（一）控制噪声施工时间

噪声施工包括砸墙、钻孔、墙面楼板开槽、钻切锤打金属、电锯改料等。噪声施工应避开人们的休息时间。

（二）限制电梯使用时间

高层建筑内的室内装修必然要使用电梯运送施工人员、装修材料和垃圾，但为了不影响其他人使用，应限制电梯使用时间。

通常的规定是运送施工人员、装修材料和垃圾要避开电梯使用高峰期，该高峰期根据大楼用途的不同而不同。如果白天电梯使用非常频繁，可安排在夜间运送装修材料和垃圾。

（三）采取措施有效防止干扰

装修会对左邻右舍、上下楼层住户的工作和休息产生影响。如果物业管理企业不采取有效措施，肯定会招致装修房屋相邻住户的投诉和不满。为避免室内装修对其他住户造成干扰，应采取以下管理方法。

（1）装修前通知同一楼层及上下楼层住户，让他们做好思想准备并采取一些防止干扰的措施，同时请求他们谅解。

（2）在装修户提交装修申请时，提醒装修户聘请信誉好、实力强、人员精的装修公司，并尽量缩短工期。

（3）对装修户和装修公司进行必要的培训，解释装修程序和有关管理规定，避免他们因事先不知而开展各种影响他人工作或休息的装修工程。

（4）将装修注意事项贴在装修单元的大门上，提醒装修人员文明施工。

（5）若是住宅楼，严禁在夜晚、周末等时间装修；若是商业大厦，白天上班时间只允许安排一些不产生噪声及油漆味的装修，将发出较大噪声（如电锯声）的工序安排在非办公时间进行，严禁装修时开启空调。

（6）施工人员必须办施工证或出入证方可进场施工，施工人员不得从事与施工无关的活动。

（7）加强对装修单元的监管，及时听取其他业主意见，对违规施工人员视其情节轻重分别给予口头或书面警告、停止装修等处罚。

经典案例

如何处理装修扰民的投诉

【案例背景】

业主刘某投诉：隔壁房间装修施工噪声过大，一天到晚不停地打墙、锯木，请管理处尽快处理。管理处赶快派人去查看，发现刘某反映的情况属实，于是提醒施工单位注意文明施工，不要影响他人生活。

次日，刘某又打来电话说情况并没有好转，他的正常生活与休息受到严重影响。如果再这样下去，他将拒缴以后的物业管理费，并向有关行政主管部门投诉。物业服务人员说："我们已经告知施工单位了，但他们要赶工，我们也没办法。"刘某听后很生气："业主装修影响他人，你们就不能协调或制止吗？"

【案例分析】

业主装修影响他人，物业管理企业理应予以协调或制止，这是物业管理企业的权利，也是应尽的责任和义务。

物业管理企业应该行使这项权利、履行这项义务，否则就违反了合同，业主可以据此投诉物业管理企业，严重时，甚至可以通过业主委员会将该物业管理企业解聘。

细节08：装修现场的巡查

在装修现场，装修户应将室内装修批准书和室内装修注意事项张贴于门上，便于物业服务人员检查和提醒装修人员安全施工；同时，物业服务人员须按规定对装修现场进行巡查（见图2-3）。在进入现场前，物业服务人员应仔细查看图纸及审批文件，做到心中有数。

图 2-3　物业服务人员巡查装修现场

装修现场巡查的重点如图 2-4 所示。

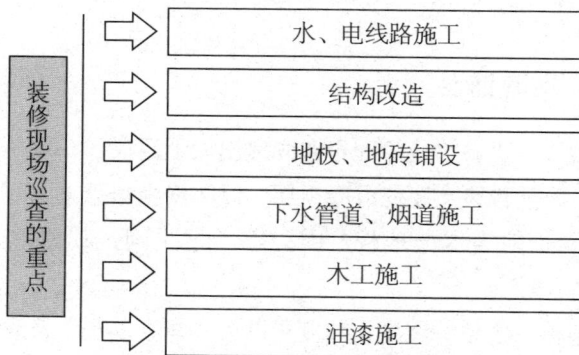

图 2-4　装修现场巡查的重点

（一）水、电线路施工

水、电线路施工一般是装修工程的开始，也是物业管理企业装修巡检工作的重点。绝大多数业主为了居住美观，都将冷热水管埋在墙壁和地板之下，这样确实比较好看，但也带来了一定的隐患。

1. 强电线路的改动

改动强电线路时要注意电线的质量和型号，连接大功率电器的线路须使用相匹配的电线，改动线路时最好垂直走线，接头和转弯的地方要设置接线盒，以便将来检修。房顶的混凝土层较薄，切槽深度不得超过1.5厘米。所有的暗埋线路必须穿管，穿线管内不得有接头。

2. 弱电线路的改动

一定要提醒业主和施工单位，只有专业人士才能改动弱电线路。小区的可视对讲、安全防范系统只有物业管理企业指定的专业人员才能移动（属于收费服务），私自移动造成损失的，须照价赔偿。

（二）结构改造

房屋结构是由专业的设计师精心设计的，业主在购买房产时基本认可了该结构，因此一般不得改造，否则很可能会影响整座楼的安全。

> **小提示**
>
> 　如果业主改动房屋结构，就会产生很大的响声。一旦发现可疑情况，物业管理企业应及时派人查看，要求施工人员停工，等业主到现场说明情况后再处理。

（三）地板、地砖铺设

对于地板、地砖铺设，物业管理企业应提出如下建议。

（1）干铺时，不能铺设太厚的混凝土层，以防楼板负重太大。

（2）不能大面积地灌水泡地板，因为除了卫生间，其他地方通常没有防水层，不能让楼下"下雨"。

（3）卫生间地板一定要有坡度，坡度可以大一些，以利于及时排水。

（4）地漏、阴阳角、管道等地方的防水一定要做到位。

（四）下水管道、烟道施工

对于下水管道、烟道施工，物业管理企业应提出如下建议。

（1）建议用塑料扣板封闭，不建议用水泥板、瓷片封闭，否则会造成维修难度大、恢复成本高，底层业主尤其应该注意。

（2）厨房烟道开口位置是根据相关规范设计的，一般不得改动，否则极易产生串烟现象。

（3）厨房的燃气管道不能改动，否则不会通气，同时也会带来安全隐患。

（五）木工施工

对木工施工的管理相对比较轻松，只需要查看业主的装修进度，注意施工人员的用电安全、消防安全、在公共区域施工的问题，以及环境卫生的保持情况等。

> **小提示**
>
> 在吊顶和家具内安装电线时一定要穿线管，以减少火灾隐患；尽量少安装大功率的照明设备。

（六）油漆施工

对油漆施工的管理也相对比较轻松。应提醒施工人员注意环境卫生，不影响相邻业主的正常生活；施工时须关闭进户门，在天气恶劣时一定要及时关闭门窗，以防损坏已经完成的装修工程。

> **小提示**
>
> 在材料进场和水电线路改造阶段，每天最少巡查一次，若发现违规意图，一天要巡检二次。对于木工和油漆施工，一般一天或两天巡检一次即可。

细节09：装修验收的管理

装修工程完工后，业主应书面通知物业管理企业验收。客户服务中心（简称"客服中心"）检查装修工程是否符合装修方案要求、施工中有无违反装修守则、费用是否缴足等。如无问题，即验收通过。

（一）装修验收的分类

装修验收的分类如图 2-5 所示。

初验	正式验收	特殊情况
装修户所有装修工程施工完毕后，即可申请初验	初验时发现的问题得到整改后，业主提前一周通知客服中心，客服中心在接到通知的第二周安排正式验收	若装修量小、项目简单且不涉及改造，客服中心可同时进行初验和正式验收

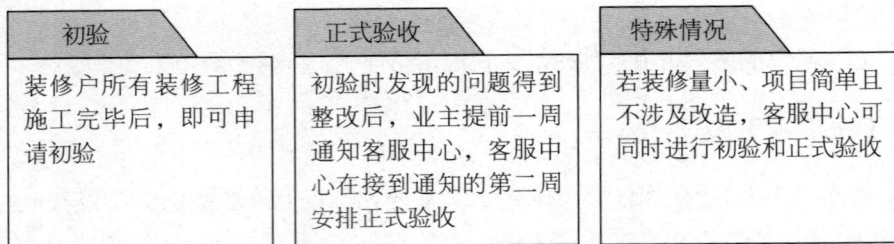

图 2-5　装修验收的分类

（二）装修验收的要求

装修验收的要求如下。

（1）业主在装修时发生的违章行为未整改的，不能进行验收。

（2）业主必须彻底整改初验中发现的问题，如在正式验收中发现仍不合格，物业管理企业有权给予相应的处罚。

（3）业主和装修公司申请正式验收后，物业管理企业应收回装修出入证并存档。

（三）正式验收

正式验收时，由工程部组织相关人员，对初验中发现的问题进行逐项查验。

初验合格后增加装修项目的，即使无违章装修，仍需补办申请；违章装修的，按管理规定中的装修违章处理条款执行，并立即停止验收，在整改完毕后再进行正式验收。

装修验收记录如图 2-6 所示。

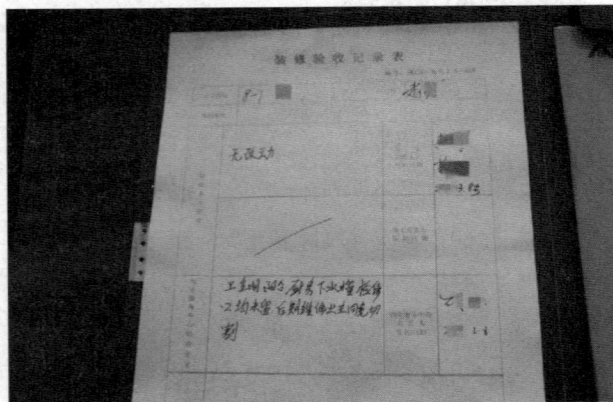

图 2-6　装修验收记录

细节10：违规装修及其处理

即便物业服务人员掌握业主装修流程，加强日常装修巡检，也难以避免违规装修。有些业主为了满足自己的需求，明知装修违规却一意孤行。这就需要物业服务人员努力沟通，尽量避免违规装修。

常见的违规装修有以下几种。

（一）改动结构

改动结构类违规装修的主要表现如图 2-7 所示。

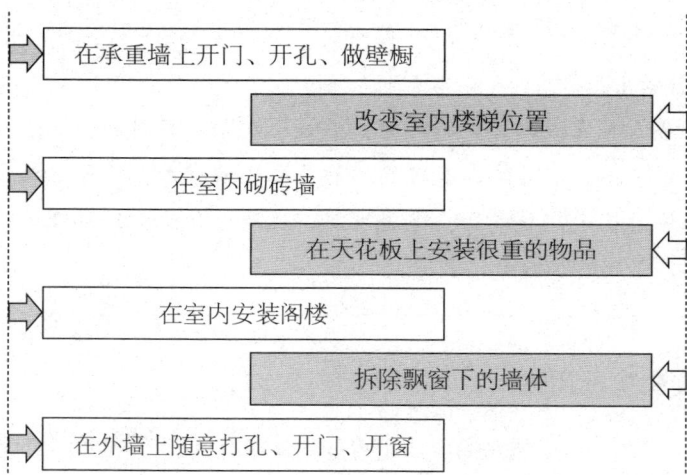

图 2-7　改动结构类违规装修的主要表现

物业管理企业须坚决制止这类违规装修，必要时上报相关部门。

经典案例

业主提出更改房屋大梁应如何处理

【案例背景】

某小区的一位业主在装修时，多次向管理处提出要更改顶层复式房屋的一根大梁，他的理由是按常规该梁应为正梁，但搞成了反梁，既占用室内空间又不美观，并声称自己的父亲是一位高级建筑师，已经计算出了有关参数，做出了改造图纸。

对业主的这一要求，管理处根据《装修管理规定》耐心地进行解释，说明不能更改。然而，这位业主就是听不进去，态度还十分强硬。三番五次找管理处都没有得到同意后，他干脆放了狠话："不管你们同意不同意，我都要改！"为了避免事情变得更糟，管理处的工作人员一起商讨对策，并把商讨出的办法及时报告给物业管理企业和开发商的责任人，然后约见这位业主，建议他提出书面申请，报原设计单位审批。这位业主觉得管理处的建议合情合理，欣然同意。后来，他咨询了设计单位，得知改梁既要支出一笔金额很高的变更设计费，又要等较长的时间才能获批。经过考虑，这位业主最终打消了改梁的想法。

【案例分析】

物业服务人员在遇到违规行为时，必须予以制止或纠正，但不一定要板起面孔生硬地说"不"。其实，有时候不妨采取迂回战术，为业主指出一条正确的道路，让他自己走，如果业主觉得可以，就通过合法途径办理，这样矛盾就得到了缓解，管理的目的也达到了。

（二）改变房屋用途

改变房屋用途类违规装修的主要表现如图 2-8 所示。

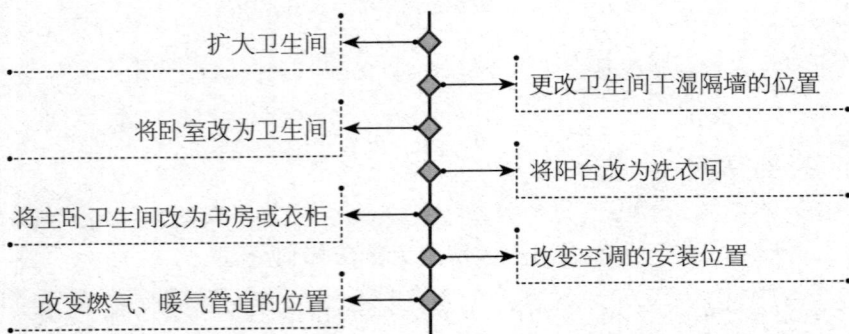

图 2-8　改变房屋用途类违规装修的主要表现

物业管理企业应尽量避免这类违规装修的发生，告知业主这样改动须承担的责任，以及对其以后的生活带来的麻烦等。此外，还应将改动情况详细记录在档案中，并让业主签字认可。

经典案例

业主拟改变空调安装位置应如何处理

【案例背景】

一天中午，护卫班班长喘着气跑到管理处办公室，告诉主管："G栋1801的业主不想按指定位置安装空调，要将北侧空调孔打在窗户上方。"主管正在处理其他事务，便安排护卫班班长马上返回，先让空调公司的员工停止打孔。

主管随后赶到，一进门还没说话，业主就开始不停地说自己的理由。他认为管理处规定的位置不好，强烈要求将空调孔打在窗户上方。

主管耐心地解释："在指定位置安装空调、管线不能外露，是为了保证小区的整体外观比较美观。假如各位业主随意安装空调，那咱们小区的外立面就会杂乱不堪，整个小区的形象就会大打折扣，甚至贬值。这里是您的家园，您的朋友和亲戚要是看到小区杂乱不堪，说小区不好，您也没面子啊！"听完主管这番入情入理的话，业主便不再坚持。

【案例分析】

改变空调安装位置的情况在许多小区屡见不鲜，解决此类问题需要物业管理企业做耐心细致的解释工作。物业管理企业在做好具体的服务工作的同时，应加强对物业管理相关法律法规和具体案例的宣传，增强业主的法律意识，降低争议处理成本和损失。

（三）改动线路及改变房屋外观

改动线路及改变房屋外观类违规装修的主要表现如图2-9所示。

物业管理企业应尽量阻止这类违规装修的发生，告知业主这样改动须承担的责任，以及设施保修期将被取消。此外，还应将改动情况详细记录在档案中，并让业主签字认可。

1	上水管道暗铺在地板内
2	用水泥板和瓷片封闭卫生间和厨房的下水管道，且未预留检修孔
3	改动主下水管道
4	改变烟道开孔位置
5	将污水管连接到雨水管中
6	改变窗户玻璃颜色
7	随意安装防盗网

图2-9　改动线路及改变房屋外观类违规装修的主要表现

经典案例

业主违规装防盗网应如何处理

【案例背景】

某小区的一位业主正在装修其新房，提出了安装阳台防盗网的申请。物业管理员接到通知后立刻到达现场，制止防盗网进入小区，并向业主说明小区不许安装防盗网。但业主态度非常强硬，质问管理员："为什么不能安装防盗网？假如失窃怎么办？"管理员从三个方面向业主做了解释。

第一，安装防盗网，既会使房屋外立面不美观，又给人以压抑的感觉。

第二，万一室内失火，人员疏散和消防员救火都会很不方便。

第三，该小区是一个智能化小区，每家每户都有智能安防系统，安保员24小时不中断巡逻，没有必要安装防盗网。如实在要安装防盗网，只能根据小区的规定安装在室内。

最后，业主同意将防盗网安装在室内。

【案例分析】

防盗网安装规定应体现在《业主手册》《业主公约》和《前期物业管理服务协议》中，如果有相关规定，大部分业主都会遵守规定。假如业主非要做特殊装修，物业管理企业应该动之以情、晓之以理，讲明利害关系并提出合理的建议。

（四）破坏环境卫生

破坏环境卫生类违规装修的主要表现如图 2-10 所示。

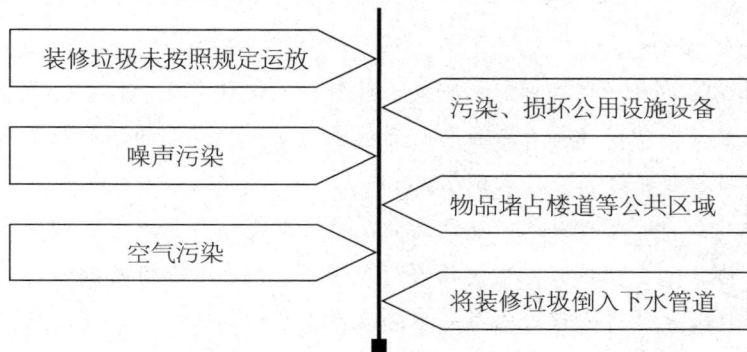

图 2-10　破坏环境卫生类违规装修的主要表现

这类违规行为一般是由施工人员造成的，发现一起，就要严肃处理一起，必要时可以要求相关人员离开小区，但一定要跟业主说明原因，避免不必要的误会。

经典案例

业主装修家具堵占楼道应如何处理

【案例背景】

一天，管理处接到投诉：某位业主二次装修地板，将家具堆放在楼道和电梯间，妨碍通行。管理处派人上楼查看，情况属实。经过了解，该业主在办理装修手续时就无视装修管理规定，不认同有关规定，跟管理处的工作人员闹得很不愉快。怎样说服这位业主呢？管理处几经协商，决定坚持原则，针对其心理状态和实际情况采取因势利导的策略。

管理处人员首先表示相信他是通情达理的人；然后介绍装修管理规定，说明堵塞通道可能带来的严重后果，不能图一己之便而危及众人；接着对二次装修无处放置家具的难处表示理解，并提供了将家具集中于一室、分室装修和管理处代找家具暂存位置、一并装修两种方案，供其选择；最后限定整改期限，强调如果他继续我行我素，则按《业主公约》予以处罚。

　　这位业主意识到了自己的错误，很快进行了整改，事后又到管理处对自己的言行表示歉意。

【案例分析】

　　与业主交流是一门学问。同样的一件事，先说什么后说什么，效果可能会有很大的差异。所以，每天都要与形形色色的业主打交道的物业服务人员应当认真地学习和研究语言的艺术和表达技巧。

　　在本案例中，管理处人员首先运用集体的智慧，群策群力，制定了切实可行的处理办法。在处理时，不仅指出业主的错误所在，而且告知其怎样做才符合规定，让业主觉得管理处人员并不是只考虑自己的工作，而是在设身处地地为自己着想，所以事情处理起来就容易多了。

环节 3　安全护卫服务

安居才能乐业，安全护卫服务是物业管理的重头戏。人们普遍向往安全、舒适、放心的居住环境，安全护卫服务对创造安全、舒适的居住环境来说十分重要。

一般来说，安全护卫服务的工作内容如图 3-1 所示。

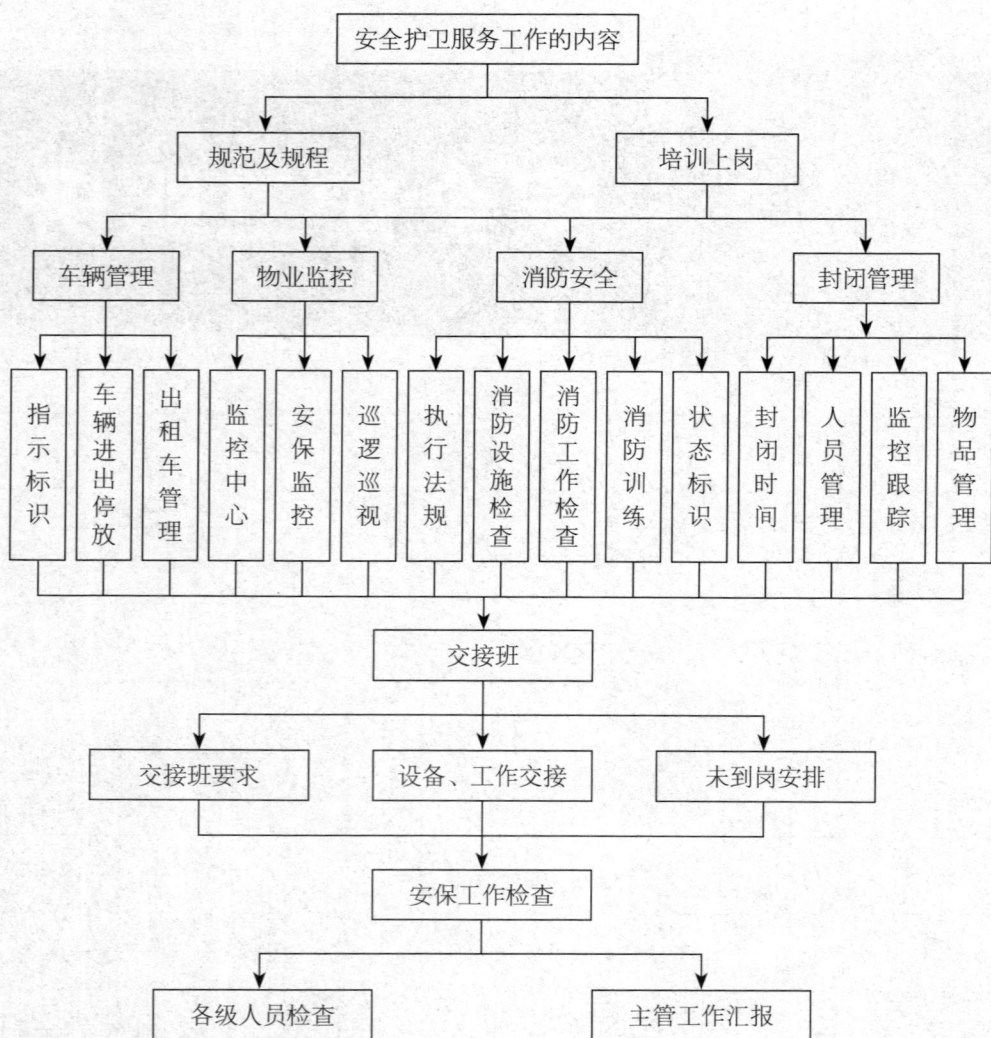

图 3-1　安全护卫服务的工作内容

细节11：小区出入管控

出入管控是指严格把守大门，对进出的人员、车辆、物品等进行检查、验证和登记，以维护物业区域内部治安、保障业主（用户）及其财产安全的一种安保活动。

（一）出入管控要求

物业管理企业既要把好人员、车辆、物品等出入的管控关，也要把好管控过程中的服务关。出入管控要求如图 3-2 所示。

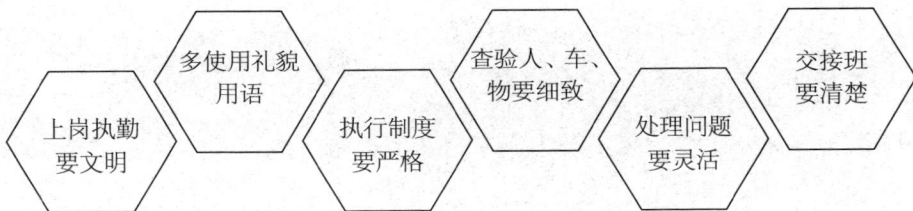

图 3-2　出入管控要求

1. 上岗执勤要文明

出入口既是反映小区精神文明建设水平的窗口，也是反映物业管理企业服务质量和水平的窗口，因此，安保员要注意文明执勤。

执勤时应规范着装、服装整洁、仪表端庄、精神饱满、态度和蔼、礼貌待人、办事公道、坚持原则、以理服人、尽职尽责、热忱服务；不准擅离职守、闲聊打闹、酗酒吸烟、私自会客；严禁刁难人、打骂人、欺压人，严禁粗暴无礼、侮辱人格。

2. 多使用礼貌用语

安保员应多使用礼貌用语，为业主（用户）提供良好服务。不同情况下使用的礼貌用语不同，具体如下。

（1）面对当日第一次遇到的业主（用户），应立正敬礼，并根据具体时间向业主（用户）问好，如"早（晚）上好""上（中、下）午好"。

（2）当有陌生人走进大堂时，要起立问候，如"× 先生 / 小姐 / 女士，您好"或"请问您有什么事吗"。

（3）当访客对登记身份证件提出异议时，要以诚恳的语气告诉对方："非常抱歉，但出入登记是我们的一项制度，请您支持！"

（4）当访客离开时，要准确填写其离开时间，如其证件留在岗位上，应起立，双手将证件递还访客，同时说"请慢走"。

（5）当领导陪同客人前来参观时，应立正敬礼并礼貌地说："欢迎各位领导光临指导！"

（6）当有业主（用户）询问不属于自己工作职责的问题时，应礼貌地解释："对不起，我不了解这个情况，如果您需要，我可以帮您联系客服中心。"

3. 执行制度要严格

执行制度是为了维护小区内部治安，防止业主（用户）人身和财产遭受损失，保障生产、工作顺利进行，相关人员要共同遵守人员和物品出入制度。

小提示

出入口安保员要及时做好制度的宣传解释工作，以取得业主（用户）的理解和支持，以便更好地开展工作。

4. 查验人、车、物要细致

查验人、车、物要细致，是指在查验出入证件或核对进出人员所携带的物品及进出车辆时要认真，不忽视任何可疑之处。查验方法如图3-3所示。

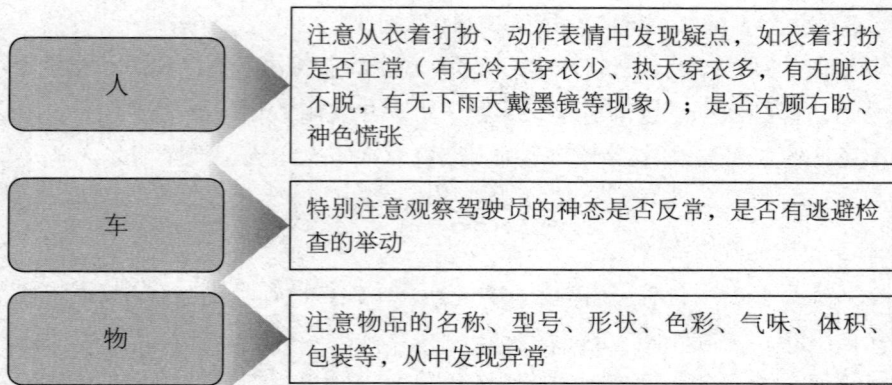

人	注意从衣着打扮、动作表情中发现疑点，如衣着打扮是否正常（有无冷天穿衣少、热天穿衣多，有无脏衣不脱，有无下雨天戴墨镜等现象）；是否左顾右盼、神色慌张
车	特别注意观察驾驶员的神态是否反常，是否有逃避检查的举动
物	注意物品的名称、型号、形状、色彩、气味、体积、包装等，从中发现异常

图3-3 查验方法

安保员如果发现可疑的人、车、物，一定要追查到底。安保员要仔细询问可疑人员的姓名、年龄、身份、来去方向、活动时间、携带物品等情况，并在其回答中寻找疑点。

比如，方言与口音与其自报的籍贯不符；身份证件有涂改、伪造的痕迹；衣着打扮与其自述身份不符；携带物品的数量与其表述相矛盾；等等。对于回答问题时支支吾吾、答案前后矛盾、漏洞百出或行为反常、举止可疑的人员，要特别加以注意。

另外，对于可疑的人、车、物，要进行必要的检查，检查是否携带违禁物品。单、物不符的，要及时留证；有确凿证据表明有犯罪嫌疑的，应立即通报公安机关。

5. 处理问题要灵活

出入口安保员所处的位置很重要，是人、车、物出入小区必经之处，人员流动量大、车辆进出频繁、物资进出量大。所以，出入口安保员在值勤工作中对具体问题要灵活处理，具体要求如图 3-4 所示。

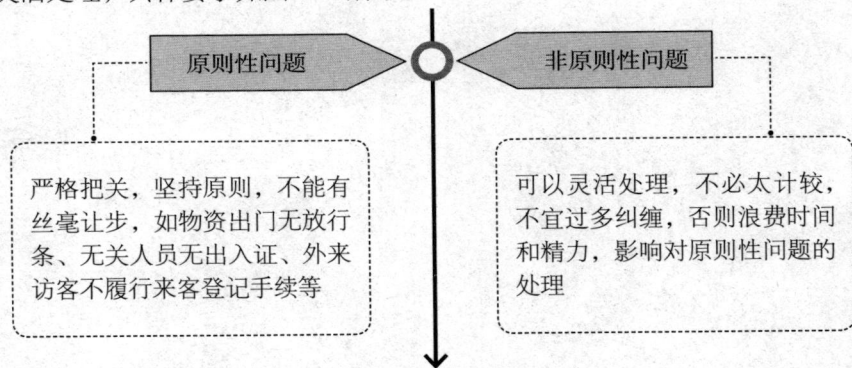

原则性问题　　　　　非原则性问题

严格把关，坚持原则，不能有丝毫让步，如物资出门无放行条、无关人员无出入证、外来访客不履行来客登记手续等

可以灵活处理，不必太计较，不宜过多纠缠，否则浪费时间和精力，影响对原则性问题的处理

图 3-4　灵活处理问题的要求

小提示　　处理问题要灵活是指处理问题要随机应变，把原则性问题和非原则性问题区分开来，然后针对不同性质的问题采取不同的处理方法，以便及时妥善地处理问题。

6. 交接班要清楚

出入口安保员换岗交接的内容一般包括执勤情况、注意问题和待办事项。交接可分为同向交接、异向交接和侧向交接三种，如表 3-1 所示。

表 3-1　交接类型

交接类型	说明
同向交接	交接班的安保员面向同一方向并肩站立进行交接，常用于执勤环境较好、门前没有杂乱的人或物等情况
异向交接	交接班的安保员相距 1 ~ 2 米相对站立进行交接，常用于比较复杂的情况或夜间交接。特殊情况下，或因地形条件所限，也可并肩而立或背靠背站立交接
侧向交接	交接班的安保员距离 1 米以上，面向内侧，成 90 度角站立，进行交接，常用于白天交接

图 3-5 为安保员交接班。

图 3-5　安保员交接班

（二）人员出入管控

物业区域内每天有大量的人员出入，不仅有业主（用户），还有来访人员、作业人员，为了保证业主（用户）的人身、财产安全，物业管理企业必须做好人员出入管控。

1. 来访人员出入登记

（1）必须登记的人员

业主（用户）、物业管理企业的员工进出本小区不用登记。外来客人，包括业主（用户）的亲友、各类访客、装修等作业人员、员工的亲友等，一律登记（见图 3-6）。

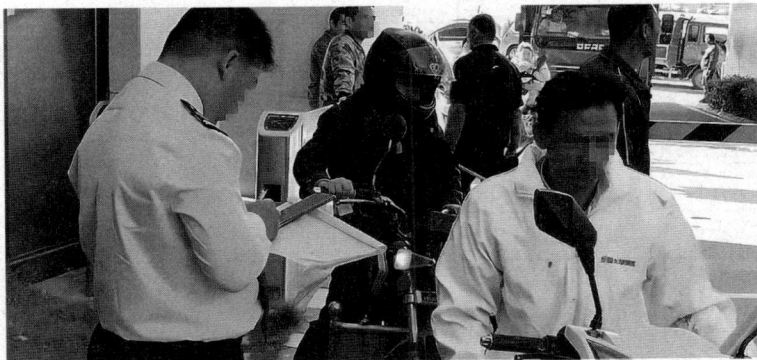

图 3-6　对来访人员进行检查、登记

（2）接待与欢送来访人员及登记要领

① 当有客人来访时，应主动微笑，并用如下话语提示或表示歉意。

"先生（小姐），您好！请问您拜访哪位，住哪栋、哪层？"

"请您出示身份证件进行登记。"

"请您用电话与您的朋友联系一下。"

"对不起，让您久等了，谢谢合作，请上楼。"

"对不起，出入登记是我们的工作制度，请您谅解。"

② 认真核对证件与持有人是否相符（见图 3-7），若不符，则不予登记并禁止进入。

③ 来访人员必须准确说出所找业主（用户）的姓名及楼层等，必要时安保员可与业主（用户）通话确认。

④ 当来访人员出小区时，安保员应及时说"谢谢

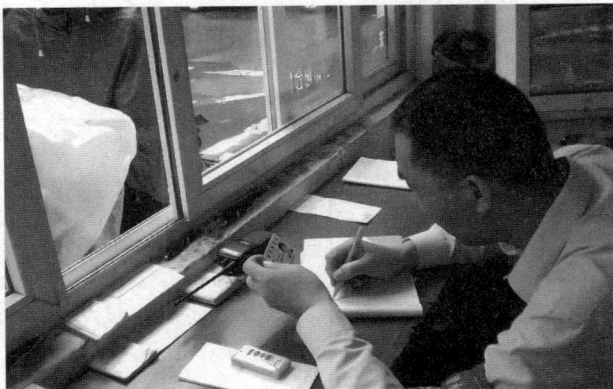

图 3-7　核对证件

合作"再见""慢走"等,并在来访登记表(见表3-2)中记录离开时间。

表3-2　来访登记表

日期		来访人员姓名	性别	年龄	住址	有效证件号码	被访人姓名	住址	来访时间	离开时间	值班人	备注
月	日											

2. 作业人员出入控制

作业人员是指装修施工人员、搬家人员、送货人员、送餐人员等。对于这一类人员的出入,也要按规定进行登记,可按图3-8所示的流程操作。

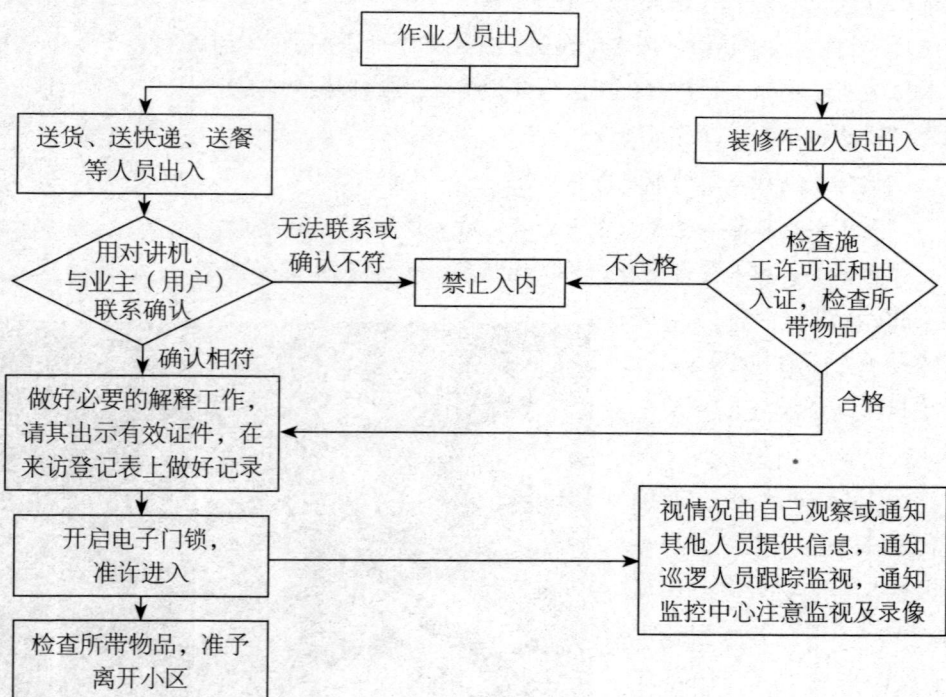

图3-8　作业人员出入控制流程

经典案例

安保员违规放人进入小区导致惨案发生

【案例背景】

20××年8月的某一天，某装饰工程公司装修工人钟某对某小区安保员谎称自己是装修工人，安保员未仔细核查其出入证，也未进行出入登记，就予以放行。钟某顺利进入一位业主的住所，骗其打开房门后入室抢劫，在室内作案长达4个小时，先后将保姆和业主妻子杀害，劫得十余万元及手机等财物后按原来路线离开该小区。

该业主将物业管理企业和钟某告上法庭，法院一审判决：物业管理企业应对赔偿总额的30%（约17万元）承担赔偿责任。原来，钟某作为装修工人参与了小区公用设施的装修施工，20××年至20××年，钟某还参与了小区内两套房屋的装修。这三次装修，物业管理企业均为钟某办理了出入证，上面写明了有效期。案发当日上午9时许，钟某携带装了铁锤、卷尺的塑胶袋，对安保员谎称自己是装修工人，并出示了一张过期的出入证。安保员没有仔细检查出入证，也没有要求其登记，即同意钟某进入小区，最终导致惨案发生。

【案例分析】

物业管理企业对以装修名义进入小区的人员，必须采取适当的方式核实其身份。在本案例中，因为装修工人曾在该小区参与过三次装修，与安保员已经很熟悉了，所以安保员没有履行认真查验证件的职责，导致惨案发生。

正确的做法是，对于装修人员，不管是否熟悉，都应该按程序执行出入检查、登记制度，若出入证过期，应拒绝其进入。同时，应仔细询问装修人员为哪一户装修，查看该户是否在装修，防范不法分子混入。

（三）物品出入管控

物业区域内经常有业主（用户）因迁入迁出而搬动物品，物业管理企业要做好物品出入控制，以保证业主（用户）的利益及安全。

1. 物品出入控制流程

物品出入控制流程如图 3-9 所示。

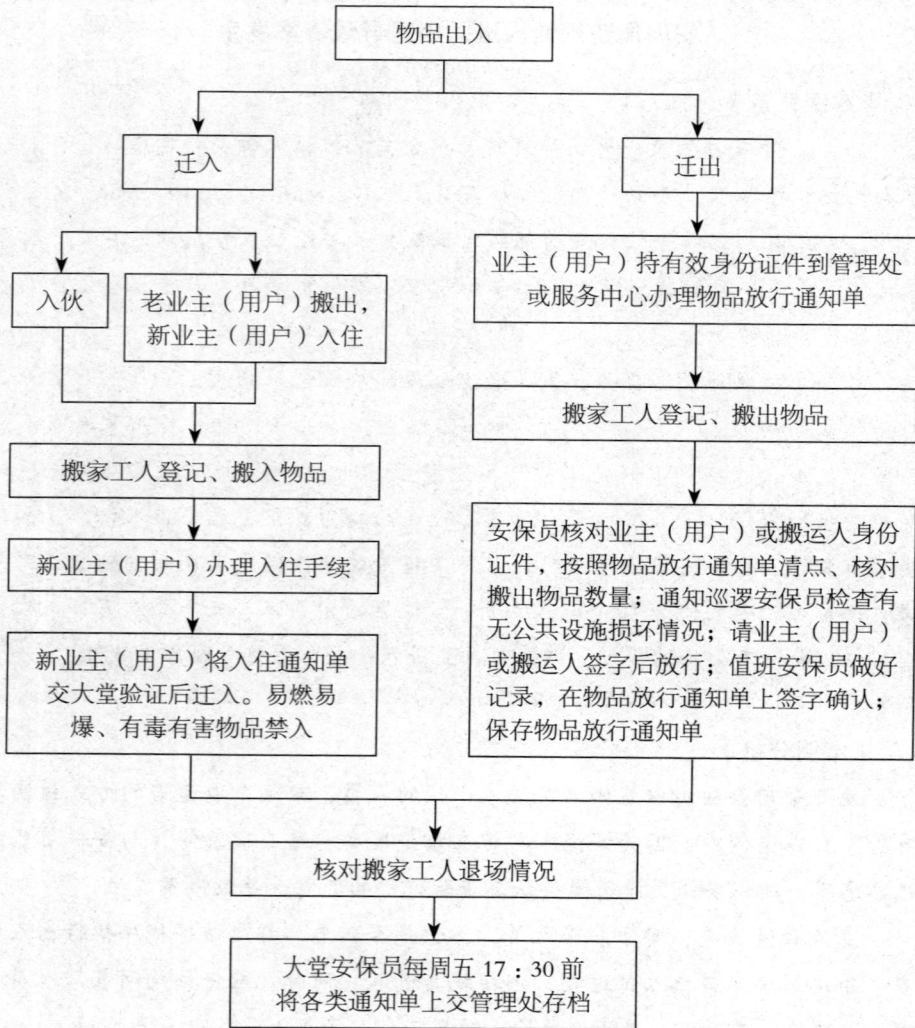

```
                        ┌──────────────┐
                        │   物品出入    │
                        └──────┬───────┘
              ┌────────────────┴─────────────────┐
              ▼                                   ▼
         ┌─────────┐                         ┌─────────┐
         │  迁入   │                         │  迁出   │
         └────┬────┘                         └────┬────┘
        ┌─────┴─────┐                             ▼
        ▼           ▼              ┌──────────────────────────────┐
   ┌────────┐ ┌──────────────┐    │业主（用户）持有效身份证件到管理处│
   │  入伙  │ │老业主（用户）搬出，│   │或服务中心办理物品放行通知单    │
   └───┬────┘ │新业主（用户）入住│    └──────────────┬───────────────┘
       │      └──────┬───────┘                     ▼
       └──────┬──────┘             ┌──────────────────────────────┐
              ▼                     │  搬家工人登记、搬出物品         │
   ┌──────────────────┐            └──────────────┬───────────────┘
   │ 搬家工人登记、搬入物品│                          ▼
   └────────┬─────────┘            ┌──────────────────────────────┐
            ▼                       │安保员核对业主（用户）或搬运人身份│
   ┌──────────────────┐            │证件，按照物品放行通知单清点、核对│
   │新业主（用户）办理入住手续│        │搬出物品数量；通知巡逻安保员检查有│
   └────────┬─────────┘            │无公共设施损坏情况；请业主（用户）│
            ▼                       │或搬运人签字后放行；值班安保员做好│
   ┌──────────────────┐            │记录，在物品放行通知单上签字确认；│
   │新业主（用户）将入住通知单│        │保存物品放行通知单               │
   │交大堂验证后迁入。易燃易│          └──────────────┬───────────────┘
   │爆、有毒有害物品禁入    │                        │
   └────────┬─────────┘                          │
            └──────────────┬────────────────────┘
                           ▼
              ┌──────────────────────┐
              │  核对搬家工人退场情况    │
              └──────────┬───────────┘
                         ▼
              ┌──────────────────────┐
              │大堂安保员每周五 17：30 前│
              │将各类通知单上交管理处存档│
              └──────────────────────┘
```

图 3-9　物品出入控制流程

2. 物品的搬入

（1）当业主（用户）或其他人往小区内搬运物品时，值班安保员应礼貌地询问是何物品，搬往何处。必要时可委婉地提出查验要求，确认无危险物品后予以放行。

（2）当确认搬入物品为危险品时，值班安保员应拒绝搬入。无法确认时，可报告班长或管理处。

3. 物品的搬出

（1）业主（用户）需要搬出物品，则应提前到管理处办理手续，说明需搬出物品的名称、数量及大致的搬出时间，并留下本人身份证复印件，管理处按照业主（用户）提供的情况出具物品放行通知单。

（2）值班安保员收到业主（用户）交来的物品放行通知单后，礼貌地对搬出物品予以查验，确认无误后，请业主（用户）在物品放行通知单上签名，安保员登记业主（用户）或搬运人的有效身份证件号码，并签上本人（安保员）姓名和放行时间，然后对业主（用户）或搬运人的支持与合作表示感谢。物品放行通知单须交回管理处。

（3）若业主（用户）搬出物品时未办理物品放行通知单（见图 3-10），安保员应提示并拒绝放行。遇特殊情况应立即报告班长或管理处。

物品放行通知单（存根）	物品放行通知单
大堂（岗）： 　　兹有____阁____层____座业主____先生/____女士委托/同意____先生/____女士于__月__日搬出_____等物品，已办理搬迁手续，请查验后予以放行。 管理处（章） ____年__月__日 业主签名： ____年__月__日	大堂（岗）： 　　兹有____阁____层____座业主（用户）____先生/____女士委托/同意____先生/____女士于__月__日前搬出_____等物品，已办理搬迁手续，请查验后予以放行。 管理处（章） ____年__月__日 业主（用户）或受委托人有效身份证件号码： 业主（用户）或受委托人签名： ____年__月__日 值班安保员签名： ____年__月__日__时__分 注：此联由管理处办公室人员于一周后查验并收回

图 3-10　物品放行通知单

（4）搬出物品应及时搬离，不得放在大堂。

49

　　很多地区在努力构建智慧安防小区，从严格管理人员和车辆出入、建立人脸识别视频监控系统等方面着手，保障人、车出行安全；促进小区和谐稳定，增强业主（用户）的安全感和幸福感。

细节12：治安巡逻管理

　　在安全护卫服务中，治安巡逻管理是重要保障，原因有两点：一是出入口的第一道防线不足以完全防止不法分子进入；二是治安、消防等隐患只能通过巡逻才能及时发现和解决。因此，加强治安巡逻，发现并消除各种隐患就显得尤为重要。

　　治安巡逻管理的主要工作如图 3-11 所示。

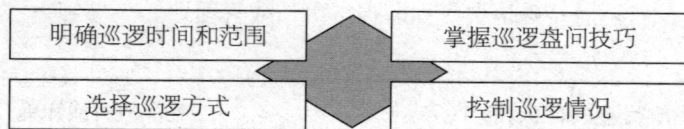

明确巡逻时间和范围	掌握巡逻盘问技巧
选择巡逻方式	控制巡逻情况

图 3-11　治安巡逻管理的主要工作

（一）明确巡逻时间和范围

　　根据小区周边形势，结合季节变化做相应的调整。一般来说，夜间巡逻是重点，尤其是傍晚至午夜，不能在时间上留空档。

　　比如，某物业管理企业在治安形势严峻的时候要求安保员统一佩戴红色袖标，统一着装，尽量扩大声势；加强外围、出入口及商业广场的巡逻，体现震慑力；小区内列队巡逻，提高业主（用户）的安全感和满意度；合理分配时间，配备强力灯。

（二）选择巡逻方式

　　巡逻方式主要有定时巡逻、不定时巡逻，定线巡逻、不定线巡逻，制服巡逻、便衣巡逻等。总的来说，巡逻方式要结合实际情况变化，巡逻路线也要随之变化，不让不法分子掌握巡逻规律。

　　图 3-12 为安保员在小区内巡逻。

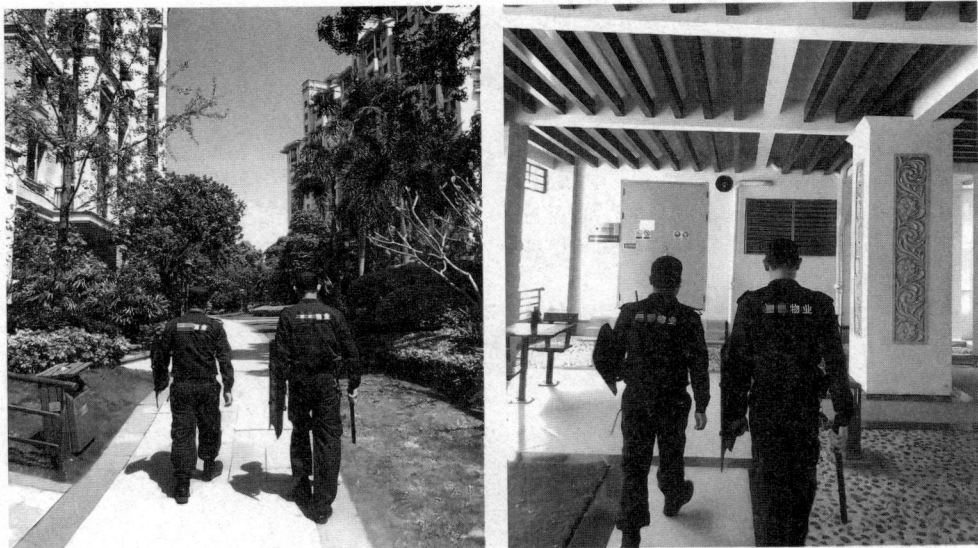

图 3-12　安保员在小区内巡逻

（三）掌握巡逻盘问方式

巡逻过程中发现可疑人员不仅要敢于盘问，还要会盘问。形迹可疑人员、财物来源可疑人员、身份不明人员、案件关联人员是重点盘查对象，对其可采用图 3-13 所示的盘问方式。

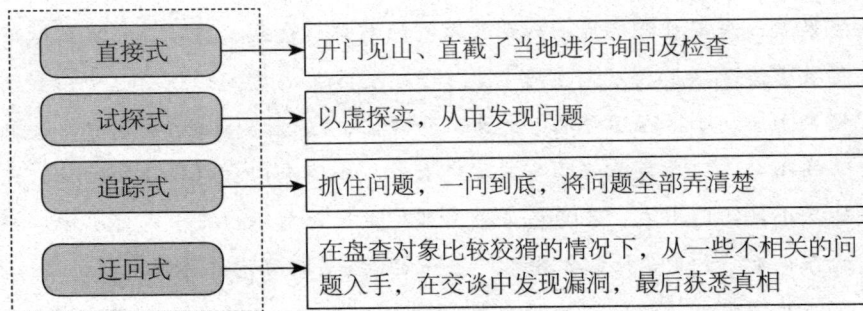

直接式	开门见山、直截了当地进行询问及检查
试探式	以虚探实，从中发现问题
追踪式	抓住问题，一问到底，将问题全部弄清楚
迂回式	在盘查对象比较狡猾的情况下，从一些不相关的问题入手，在交谈中发现漏洞，最后获悉真相

图 3-13　盘问方式

（四）控制巡逻情况

虽然很多物业管理企业制订了周密的巡逻计划，但是部分安保员工作态度不端正、责任心不强，巡逻时只是走过场，甚至未巡逻。因此，必须对安保员的巡逻情况进行控制和检验。巡逻情况的控制措施如图 3-14 所示。

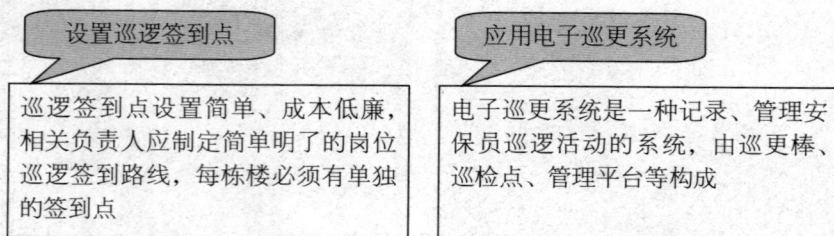

设置巡逻签到点

巡逻签到点设置简单、成本低廉，相关负责人应制定简单明了的岗位巡逻签到路线，每栋楼必须有单独的签到点

应用电子巡更系统

电子巡更系统是一种记录、管理安保员巡逻活动的系统，由巡更棒、巡检点、管理平台等构成

图 3-14　巡逻情况的控制措施

小提示

监控只能保证按时巡逻，巡逻质量只能通过平时的培训和教育来提高。

经典案例

小偷两次从窗户进入，物业难辞其咎

【案例背景】

万先生住在一个半封闭小区。春节前的某天，万先生下班回到家里，一进门就傻眼了，屋里被翻得乱七八糟，家里的首饰、金表、数码相机连同两万元现金都被小偷洗劫了。万先生马上报了警。警方经过调查后推断，小偷应该是在家里人上班、小区人不多的早晨十点钟左右，通过楼梯通道的窗户，爬到万先生家的阳台，从没有关好的窗户爬进去的。小偷专门翻找轻便的物品，大摇大摆地从小区正门出去，致使后来查看监控录像时看不出哪个人是小偷。损失惨重的万先生一方面等待警方破案，另一方面与管理处联系寻求解决办法。

万先生家住三楼，他家的阳台与楼梯通道的窗户相隔不远。那天早上，他开窗透气，结果忘了关。于是，小偷从靠近这扇窗户的楼道窗户爬进了万先生家里。发生盗窃案后，万先生要求管理处必须给楼道内的窗户安装防护栏，管理处认为如果小区内都安装防护栏，将产生一笔不小的费用，于是没有同意。气愤的万先生说："要是再出事，就由你们负责！"当年 3 月，万先生家再次被

盗，而且偷盗手段与上次完全一样，这次万先生家里没有放值钱的东西，只丢了几百元钱。万先生再次来到管理处，说他已准备将其起诉到法院。管理处这次不敢怠慢，尽力安抚万先生，并及时给离万先生家较近的楼道窗户安装了防护栏，后来给小区内所有存在安全隐患的楼道窗户都安装了防护栏。

【案例分析】

按照《物业管理条例》的规定，物业管理企业要协助做好物业管理区域内的安全防范工作；发生安全事故时，物业管理企业应当采取应急措施。

当业主已经发现安全隐患时，特别是在发生盗窃案件后，物业管理企业明知存在安全隐患却不顾业主要求，没有实施必要的防范措施，致使业主家再次被盗，难辞其咎。尽管物业服务合同中没有规定要安装防护栏，但在知道业主的人身、财产安全有可能受到威胁时，物业管理企业负有防护、告之、减小危害的义务。

细节13：车辆安全管理

尽管一般的住宅区、商业区、工业区都有停车场或停车库，但是停车位大都不足，很容易出现车辆乱停乱放的现象，加之车辆种类、型号复杂，车辆安全管理问题日益突出。但无论怎样，物业管理企业都应在已有停车场的基础上，想办法做好车辆安全管理。

1. 加强人力安排

物业区域内的交通一般不由交警管理，而是由物业管理企业管理。

（1）大型物业地面积大、道路多，物业管理企业可以考虑设置交通指挥岗位，安排专职人员指挥交通（见图3-15）。

（2）在交叉口车流量

图 3-15　安保员在停车场指挥交通

不大的情况下，可由安保员指挥交通；如果车流量较大或交叉口特殊，可设置相应的信号灯。

> **小提示**　使用信号灯进行交通指挥，可以降低交通指挥员的劳动强度，减少交通事故，提高交叉口的通行能力。要加强安保员的培训力度，让其均具备交通指挥能力。

2. 制定交通管理规定

为了确保物业区域内的安全畅通，物业管理企业最好组织人员制定交通管理规定，对进出车辆进行限制，规范居民车辆停放、行驶行为。交通管理规定一定要公示，可张贴在小区入口或停车场（库）入口处。

3. 完善停车场管理

停车场管理是物业日常管理的重要内容，为了让物业区域车辆有序进入、安全停放，减少纠纷与事故、避免车辆丢失，物业管理企业应积极完善停车场管理，具体可以采用图3-16所示的措施。

| 合理规划停车位 | 采取安全措施 | 制定健全的停车场管理制度 | 严格控制进出车辆 | 检查、巡视车辆 |

图3-16　停车场管理措施

（1）合理规划停车位

停车位分为固定停车位和非固定停车位、大车位和小车位。使用固定停车位的用户应办理月租卡，临时停车的用户应使用非固定停车位。固定停车位应标注车号，以便车主停车。

> **小提示**　停车场管理人员应熟记固定停车位的车牌号码，并按规定引导小车至小车位，引导大车至大车位，避免小车占用大车位。

（2）采取安全措施

采取安全措施即保证停车场内光线充足，适合驾驶，各类指示灯、扶栏、标识牌、白线箭头指示清晰（见图 3-17），在车行道、转弯道等较危险地带设立警示标语。

图 3-17　地下停车场光线充足、指示清楚

停车场内应设立防撞杆、防撞柱。停车场管理人员若发现光线不足，应及时通知维修人员前来处理；若发现各类警示标语、标识牌不清楚，应及时向上级汇报，请求进行维护。

（3）制定健全的停车场管理制度

即使有良好的停车场，但如果没有健全的停车场管理制度，也不能把车辆管理好。健全的停车场管理制度应该包括门卫管理规定、车辆保管规定等。

（4）严格控制进出车辆。

在停车场出入口设专职人员，由其对进出车辆实行严格控制，包括指挥车辆进出、登记车号、办理停车和取车手续等。进场车辆驾驶人应有驾驶证、行驶证等，禁止携带危险品及漏油、超高等不符合规定的车辆进入。在出入口处应设置停车场出入登记卡、机动车停车场车辆出入登记表等表格供专职人员登记。

（5）检查、巡视车辆

停车场管理人员实行 24 小时值班制，应做好车辆检查和定期巡视，确保车辆的安全，消除隐患。检查、巡视车辆的措施如图 3-18 所示。

措施一	车辆停好后，检查车况，提醒驾驶人锁好车窗、带走贵重物品，调整防盗系统至警备状态
措施二	对于入场前就有明显划痕、撞伤的车辆，请驾驶人签字确认
措施三	认真填写停车场车辆状况登记表，以防日后因车辆问题产生纠纷

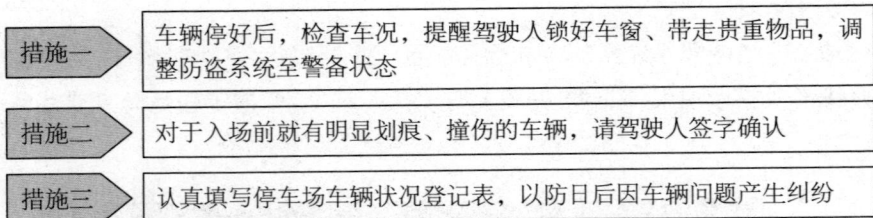

图 3-18　检查、巡视车辆的措施

经典案例

玻璃破损车辆进入小区后车主欲嫁祸于人

【案例背景】

某日 23 时 40 分，B 栋一位业主驾车驶入小区，将车停在地面车位后上楼休息。随后经过的巡逻保安员发现车的后窗玻璃已经破碎，当即向保安班班长汇报，并做了详细记录。考虑到车主可能已经休息，而且根据现场情况可以认定车窗是在车辆进入停车场之前损坏的，就没有打扰车主。

次日早晨 6 时 20 分，保安员向车主通报其车辆后窗玻璃破碎。不料车主竟一口咬定后窗玻璃破碎是车辆停进车位后高空抛物所致，要求管理处予以赔偿。保安员拿出查车记录加以说明，并让其仔细查看一直保护着的现场情况。车主否认记录和现场真实性。一方据理评说，一方拒不认账，一时难以扯清。

在双方争执不下的情况下，管理处马上电请所属派出所派员进行调查和调解。派出所的工作人员认真查阅记录和勘查现场，调取监控录像，询问有关人员和周边住户，然后让其签署意见，断定车窗是在车辆停进车位之前破碎的，由车主自行负责，并且对车主嫁祸于人的行为提出了严厉批评。车主哑口无言，只得认账。

【案例分析】

通过这个案例，我们可以得到以下经验。

（1）发现类似的事情，须及时告知业主，当时打扰一下，可能就少了后面的麻烦。

（2）遇到可能产生争议的问题时，从一开始就注意收集和留存相关证据。有了证据，一旦出现纠纷，处理起来就可以省去许多麻烦，因为事实胜于雄辩。

（3）产生纠纷后，及时请权威机关来处理是最好的办法。

细节14：高空坠物管理

高空坠物很容易造成人员伤亡，因此，物业管理企业必须采取各种措施加强此方面的管理工作。

（一）建筑物及附着物坠物管理

建筑物及附着物坠物管理的具体措施如图 3-19 所示。

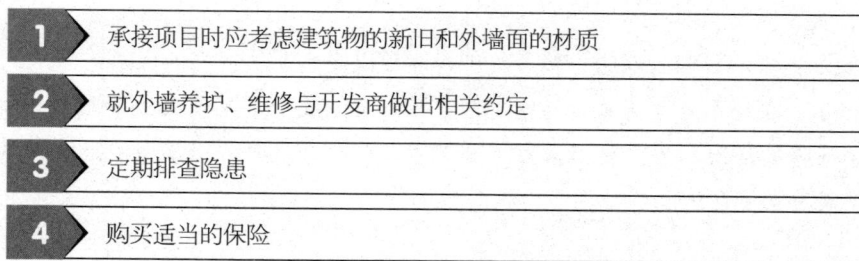

1	承接项目时应考虑建筑物的新旧和外墙面的材质
2	就外墙养护、维修与开发商做出相关约定
3	定期排查隐患
4	购买适当的保险

图 3-19　建筑物及附着物坠物管理措施

1.承接项目时考虑建筑物新旧及外墙面材质

在与开发商或业主委员会签订物业服务合同时，应考虑建筑物新旧及外墙面材质。建筑物越旧，其悬挂物或搁置物发生坠落的可能性越大，承接项目时，必须考虑这一风险。

2.就外墙的养护、维修与开发商做出相关约定

承接项目时，物业管理企业需要了解开发商在外墙养护和维修方面与施工单位有何约定。假如开发商在与施工单位签订施工合同时，未对外墙养护和维修做出具体约定，物业管理企业可与开发商约定相关免责条款，或者就外墙养护和维修做出相关约定，避免不必要的纠纷。

> 建筑物外墙有多种材质,如金属、石材、玻璃等。各种材质的外墙的养护和维修要求存在差异,这些也都应予以考虑。在承接项目时,要详细做好不同材质外墙的养护、维修预算。

小提示

3. 定期排查隐患

开展建筑附着物安全隐患排查工作,定期组织工程技术人员对公共场地和公共设施设备、窗户及玻璃、小区户外广告牌和空调主机等户外附着物进行逐户排查,发现存在安全隐患的,要立即整改并登记在册。

> 台风期间,物业管理企业应提前告知住户关好门窗,将阳台边的花盆及杂物搬离,防止高空坠物。

小提示

4. 购买适当的保险

为了减少不必要的纠纷,物业管理企业可以考虑购买适当的保险。

比如,在停车场靠近幕墙的情况下,物业管理企业在购买物业管理责任险时可考虑购买停车场附加险。根据需要,还可以与开发商或业委会商量,为管理的物业项目购买公共责任险。

🎭 经典案例

玻璃从天而降,物业管理企业是否应担责

【案例背景】

20××年4月21日,朱某某与长子周某宇、次子周某如及婆母齐某某一同步行至某综合楼下时,一块紧挨着范某某房屋(位于15层)窗户左侧的幕墙玻璃忽然脱落,垂直坠落的玻璃将庄某房屋(位于14层)外相同位置的幕墙玻璃砸碎,一同坠落的玻璃砸中了周某如的头部和朱某某的手臂。朱某某和周某如随即被送往××市××医院抢救。次日,周某如因失血性休克,经抢救无效死亡。

周某如的父母周某、朱某某将××房地产开发有限责任公司和××物

业管理有限公司诉至××市××区人民法院，认为××房地产开发有限责任公司既是某综合楼的所有权人，又与××物业管理有限公司同为某综合楼的管理人，并明确要求由某综合楼的管理人承担责任。一审过程中，××物业管理有限公司认为高坠玻璃属于15层业主范某某和14层业主庄某专有部分，相关责任应由范某某和庄某承担，并向××市××区人民法院申请追加范某某和庄某为被告参加诉讼。经××市××区人民法院准许后，追加范某某和庄某为被告参加诉讼。

××市××区人民法院作出判决后，××物业管理有限公司不服，向××市中级人民法院提起上诉。

二审期间，为查明致朱某某受伤、周某如死亡的玻璃的使用人和管理人是谁，××市中级人民法院主动依职权到该建筑物的设计单位××市建筑设计研究院调查，最终确认虽然高坠玻璃紧挨着两名业主的房屋，但因其系不能打开的固定扇，其实质上具有外墙分隔空间、荷载、挡风、隔音、隔热、保温、防火、防水等功能，故属于全体业主共有部分，应当属于××物业管理有限公司管理范围。××物业管理有限公司20××年接手物业管理时，应当知晓建筑的安全外墙全部使用玻璃这一事实状态，涉案高坠玻璃在铝合金窗框外侧，用结构密封胶把玻璃和铝框黏合，玻璃的荷载主要靠密封胶承受，与砖墙和混凝土外墙相比，玻璃易损、结构密封胶老化导致脱落事件发生的概率相对较大。高坠玻璃所在建筑物于20××年2月竣工，至案件发生时已满9年，××物业管理有限公司并未提交确实、充分证据证实其就玻璃外墙已经制定科学、有效、合理的物业管理方案，并已履行物业服务合同约定及法律规定的对业主共有部位进行严格管理、定期检查、养护维修的义务，应承担赔偿责任。

【案例分析】

近年来，高空抛物、坠物事件不断发生，严重危害公共安全，侵害人民群众的合法权益，影响社会和谐稳定。本案在当地属于影响较大的案件。当事人起诉后，××物业管理有限公司认为高坠玻璃属于两名业主专有部分，应由两名业主承担责任。因玻璃的权属问题直接影响本案的责任承担主体，××市中级人民法院依职权主动到高坠玻璃所在建筑物的设计单位调查取证，最终确认致朱某某受伤、周某如死亡的高坠玻璃属于全体业主共有部分，厘清了本案的责任承担主体，既及时保障了伤者、死者家属的合法权益，也依法维护了两名涉案业主的合法权益。

（二）高空抛物管理

物业管理企业应对高空抛物管理要以预防为主，与居委会、派出所等配合，从宣传入手，发动群众监督。对于不听劝阻、屡教不改的个别人员，可与公安机关联合收集证据，予以处罚。防止高空抛物的措施如图3-20所示。

| 增加技防设施 | 在装修阶段明确责任 | 与学校、居委会、街道办合作，加强宣传 |

图3-20　防止高空抛物的措施

1. 增加技防设施

物业管理企业可在易发生高空抛物的区域增加技防设施，如安装高空抛物监测预警系统（见图3-21）。技防设施可以帮助物业管理企业找出高空抛物者，同时也能起到监督的作用。

高空抛物监测预警系统中的所有摄像头24小时工作，相关人员可与设备绑定，在摄像头的侦测区域内，一旦

图3-21　高空抛物监测预警系统

发生高空抛物，系统可向已绑定人员发出通知，相关人员即可对该事件进行处理。同时，系统可提供接口，供执法部门调用数据。

2. 在装修阶段明确责任

一些业主在装修时图省事，经常从楼上扔装修垃圾。新建小区的物业管理企业和业主委员会要未雨绸缪，制定相关规范，明确责任，让业主从一开始就知道一旦做出高空抛物行为，就要受到处罚。

3. 与学校、居委会、街道办合作，加强宣传

通过加强宣传来提高业主（用户）的道德素质，是预防高空抛物的关键，具体措施如图 3-22 所示。

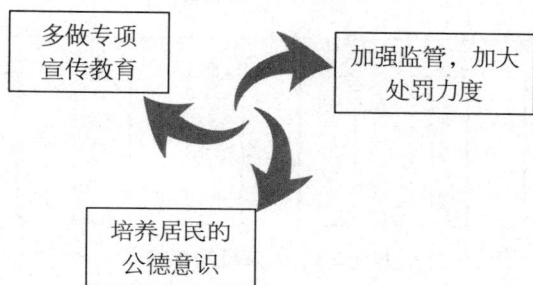

图 3-22　加强宣传的具体措施

细节15：消防安全管理

消防安全管理是指在日常管理中通过有效措施预防火灾，在火灾发生时采取应急措施以最大限度地减少火灾带来的损失。消防安全管理不仅关系到小区业主生命和财产的安全，而且关系到社会的安定。

（一）建立消防网络组织

以人防、物防、技防、法规、宣传为核心建立"五位一体"的物业消防安全机制，做好消防安全管理工作，是物业管理的重中之重。消防安全机制的有效运行关乎千家万户，是防范化解火灾风险的关键一环，是增强业主（用户）幸福感、安全感的重要手段。

1. 建立消防组织

物业管理企业的消防安全管理部门一般从属于安全保卫部门。但实际上，消防安全并不是某个部门的事，而是全企业的事。按照《中华人民共和国消防法》的规定，物业管理企业应建立自己的消防组织，专人做专事。

61

2. 明确消防职责

明确消防安全领导小组、消防兼职领导、消防中心、消防队员、志愿消防员等的消防职责，并形成正式的文件。

3. 成立灭火组织

物业管理企业通常采用图 3-23 所示的"一部、六组"的灭火组织结构。当然，对于不同类型的物业，各组成员要根据具体情况确定。

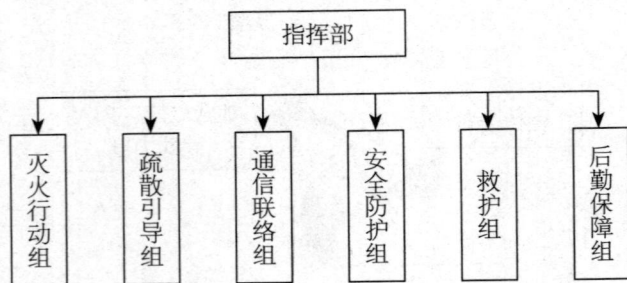

图 3-23 灭火组织结构

（二）建立智慧消防系统

智慧消防系统可以实现数据采集、传输、分析及消防设备监控、智能预警功能，全面提高小区消防安全管理水平。

智慧消防系统运用物联网、大数据、移动互联网等技术，对小区的消防设施、消防管理人员等进行实时定位及监测，可以实现消防管理信息化、数据化和智能化，建立全方位的火灾防控体系，实现物联感知、智能预警、隐患整改、趋势分析。

比如，智能化巡检功能有助于实现消防设施管理规范化，避免人工检查记录容易出现的差错，提高工作效率，减少人力支出；24小时实时智能监测功能在检测到火灾及燃气泄漏等安全隐患时可以立即自动报警，向物业及业主（用户）推送报警信息并引导逃生，减少重大生命财产损失；智能分析和态势研判功能可以预判预警，为消防工作重点指明方向，实现"预防为主、防消结合、科学救援"的效果，提升小区消防安全管理水平和应急救援能力。

（三）做好消防设施、设备标识

物业管理企业须按照消防规范要求，制作各种消防设施、设备标识，并将其安装在合适、醒目的位置上。不得随意将各种标识挪为他用，责任部门应每月进行全面检查，保证各种标识的完好性。

1. 总平面布局标识

总平面布局标识如表 3-3 所示。

表 3-3　总平面布局标识

标识内容	（1）在总平面图上标明消防水源（天然水源、室外消火栓及可利用的市政消火栓）、水泵接合器、消防通道、消防安全重点部位、安全出口和疏散路线、主要消防设施位置、建筑消防设施、消防标识图例等内容 （2）设有专职消防队的单位应标明专职消防队及车辆位置、特殊灭火剂储存位置及储量等内容 （3）对于多层公众聚集场所，每层应设置平面布局标识，着重标明本层疏散路线、安全出口、室内消防设施位置等内容；宾馆等住宿场所的房间内须设置消防安全疏散示意图
位置	设置在主要出入口附近等醒目位置
标识规格	总平面布局标识设置在室内的，标识面积不应小于 1 平方米，设置在室外的，标识面积不应小于 1.5 平方米；楼层布局标识面积不应小于 0.35 平方米

某住宅小区消防通道示意图如图 3-24 所示。

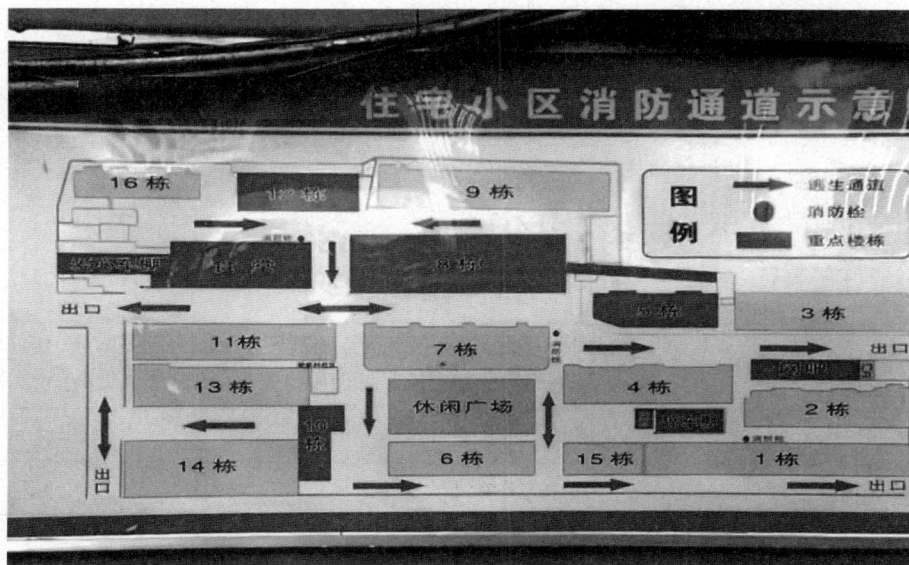

图 3-24　某住宅小区消防通道示意图

2. 消防车道标识

消防车道标识设置规范如表 3-4 所示。

表 3-4　消防车道标识设置规范

标识内容	"消防车道，严禁占用"字样
位置	消防车道地面上或临近建筑的墙面上

3. 防火间距标识

防火间距标识设置规范如表 3-5 所示。

表 3-5　防火间距标识设置规范

标识内容	"此处 × 米内为防火间距，严禁占用"字样
位置	建筑墙面或靠近建筑的地面上

4. 设施、器材标识

设施、器材标识设置规范如表 3-6 所示。

表 3-6　设施、器材标识设置规范

标识内容	根据规范要求标明消防设施、器材名称及所在位置
位置	消防设施、器材上或其上方、侧方

5. 操作使用标识

操作使用标识设置规范如表 3-7 所示。

表 3-7　操作使用标识设置规范

标识内容	根据规范要求标明使用方法、操作空间及维护责任人、检查维护时间等内容。消火栓、防火卷帘门等消防设施易被埋压、圈占的部位须标明操作场地
位置	消防器材、设施上或其上方、侧方
标识规格	标识面积不小于 0.05 平方米，不大于 0.1 平方米

6. 建筑自动消防设施管理标识

建筑自动消防设施管理标识设置规范如表 3-8 所示。

表 3-8　建筑自动消防设施管理标识设置规范

标识内容	设施名称、生产厂家、型号、安装单位、安装时间、维保单位等内容
位置	消防控制室墙面等醒目位置
标识规格	标识面积不小于 0.35 平方米

7. 消防安全疏散标识

（1）消防安全疏散指示标识。

消防安全疏散指示标识设置规范如表 3-9 所示。

表 3-9　消防安全疏散指示标识设置规范

标识内容	疏散指示
位置	疏散指示标识须根据国家法律法规、消防技术标准设置在安全出口、疏散通道的上方及转角处、疏散通道的墙面上（高度在 1 米以下），并采用符合规定的灯光疏散指示标识、安全出口标识，标明疏散方向、疏散宽度

（2）消防安全疏散警示标识。

消防安全疏散警示标识设置规范如表 3-10 所示。

表 3-10　消防安全疏散警示标识设置规范

标识内容	“禁止锁闭”“禁止堵塞”“提示性禁行”等内容
位置	安全出口、疏散楼梯、疏散走道应标明“禁止锁闭”“禁止堵塞”等警示性内容。火灾时禁用的出口、楼梯、电梯应标明“提示性禁行”内容
标识规格	标识面积不小于 0.05 平方米，不大于 0.1 平方米

8. 危险场所安全警示标识

危险场所安全警示标识设置规范如表 3-11 所示。

表 3-11　危险场所安全警示标识设置规范

标识内容	标示危险物品名称或禁止事项
位置	放置危险物的危险场所
标识规格	标识面积不小于 0.05 平方米，不大于 0.1 平方米

9. 消防安全管理规程标识

消防安全管理规程标识设置规范如表 3-12 所示。

表 3-12　消防安全管理规程标识设置规范

标识内容	消防安全管理规程、操作程序等
位置	墙面上等醒目位置
标识规格	标识面积不小于 0.35 平方米

10. 消防宣传标识

（1）消防安全法规标识。

消防安全法规标识设置规范如表 3-13 所示。

表 3-13　消防安全法规标识设置规范

标识内容	《中华人民共和国消防法》《机关、团体、企业、事业单位消防安全管理规定》《人员密集场所消防安全管理》等消防相关法律法规及标准
位置	人员密集场所大门前、主要疏散通道或人员聚集位置
标识规格	标识面积不小于 0.35 平方米
形式	电子屏、固定宣传板等

（2）消防职责制度标识。

消防职责制度标识设置规范如表 3-14 所示。

表 3-14　消防职责制度标识设置规范

标识内容	消防安全管理承诺内容或单位规定制度、岗位消防安全职责等
位置	重点部位、重要场所、生产岗位、消防办公室的墙面上及公众聚集场所的主要疏散通道四周的墙面上
标识规格	标识面积不小于 0.35 平方米

（3）消防安全常识标识。

消防安全常识标识设置规范如表 3-15 所示。

表 3-15   消防安全常识标识设置规范

标识内容	安全生产经营理念、公共场所防火事项、火灾报警号码、安全疏散知识、逃生自救常识等
位置	重点部位、重要场所、生产岗位及人员密集场所的主要疏散通道四周的墙面上等适当的位置
标识规格	标识面积不小于 0.35 平方米

（四）进行消防安全宣传教育

消防宣传、培训非常重要，应是物业管理企业常年进行的工作。只有做好宣传、培训，让员工、业主和住户充分地了解消防安全知识，消防安全才有保障。

1. 员工培训

加强对员工的消防安全培训，提升其火灾应急处置能力。物业管理企业除了应定期组织所有员工进行灭火演练，还应定期对员工进行防火灭火知识和技能培训，使全体员工掌握必要的消防知识，会报警，会使用灭火器材，会组织群众疏散和扑救初起火灾。新员工上岗前必须接受消防安全培训，合格后方可上岗。

员工消防安全培训操作程序如下。

（1）明确授课人，一般由人力资源部指派。

（2）选择授课地点，确定授课时间。

（3）明确授课内容，如防火知识、灭火常识、火场的自救与救人、灭火的基本方法与原则等。

（4）考核学习效果。

（5）将考核结果存档备案、总结。

2. 业主（用户）宣传培训

（1）消防宣传

通过广播、墙报、警示牌等多种形式，向业主（用户）宣传消防知识，营造消防安全人人有责的良好氛围。

（2）定期组织培训

物业管理企业须定期组织业主（用户）接受消防知识培训。培训内容为消防管理有关法律法规、防火知识、灭火知识、火场的自救和救人、常用灭火器的使用与管理，以及本小区《消防管理规定》《业主／住户安全责任书》《安全用电、用水、管道燃气管理规定》《消防电梯使用规定》等。

物业管理企业在组织各位业主（用户）参加消防培训时，一定要做好相关记录，保证培训的严肃性。物业服务人员在做记录时可以参考表 3-16。

表 3-16　培训记录

部门：				培训日期、时间：		
培训主持人：				培训地点：		
培训内容：						
培训效果：						
签到栏	姓名	单位	姓名	单位	姓名	单位

培训结束后，应对参加人员进行考核，并将考核结果存档备案。

（五）开展消防安全检查

1. 消防安全检查的内容

消防安全检查的内容主要包括检查消防控制室、自动报警（灭火）系统、安全疏散出口、应急照明与疏散指示标识、室内消火栓、灭火器配置、机房、厨房、楼层、电气线路及防排烟系统等。

2. 消防安全检查流程

消防安全检查流程如图 3-25 所示。

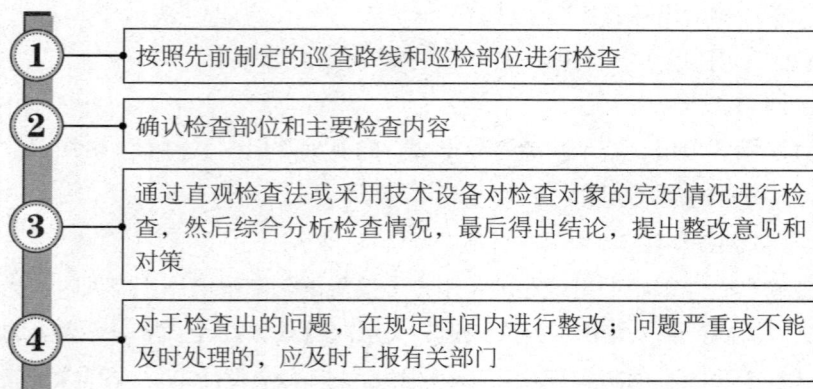

① 按照先前制定的巡查路线和巡检部位进行检查

② 确认检查部位和主要检查内容

③ 通过直观检查法或采用技术设备对检查对象的完好情况进行检查，然后综合分析检查情况，最后得出结论，提出整改意见和对策

④ 对于检查出的问题，在规定时间内进行整改；问题严重或不能及时处理的，应及时上报有关部门

图 3-25　消防安全检查流程

3. 消防安全检查的要点

消防安全检查的要点如图 3-26 所示。

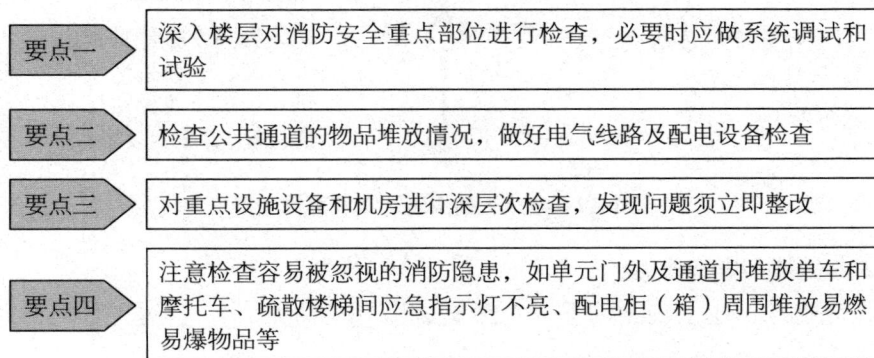

要点一	深入楼层对消防安全重点部位进行检查，必要时应做系统调试和试验
要点二	检查公共通道的物品堆放情况，做好电气线路及配电设备检查
要点三	对重点设施设备和机房进行深层次检查，发现问题须立即整改
要点四	注意检查容易被忽视的消防隐患，如单元门外及通道内堆放单车和摩托车、疏散楼梯间应急指示灯不亮、配电柜（箱）周围堆放易燃易爆物品等

图 3-26　消防安全检查的要点

细节16：突发事件处理

突发事件具有不可预见性和突发性，物业服务人员应主动培养危机意识，以便有效地降低物业管理企业的经济损失。

（一）突发事件的概念

突发事件是指突然发生、造成或可能造成严重社会危害、需要采取应急处置措施予以应对的自然灾害、公共卫生事件和社会安全事件等。

对物业管理企业来说，突发事件是指在提供物业服务的过程中突然发生，可能对服务对象、本企业和公众造成危害，需要立即处理的事件。

（二）突发事件的分类

突发事件可按不同的方式分类。

1. 按产生的原因分类

按产生的原因，突发事件可分为图 3-27 所示的两类。

69

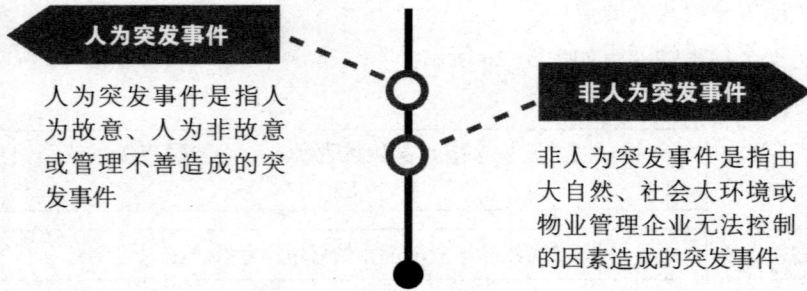

图 3-27　按产生的原因对突发事件分类

2. 按造成的影响分类

按造成的影响，突发事件可分为图 3-28 所示的两类。

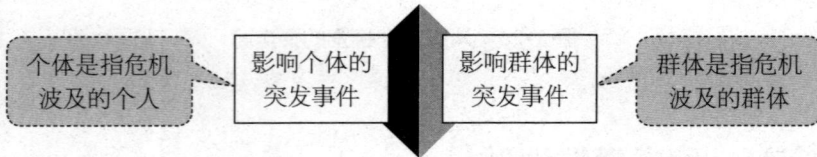

图 3-28　按造成的影响对突发事件分类

（三）突发事件的处理步骤

突发事件发生后，物业管理企业应根据突发事件处理程序有计划、有步骤地采取措施，这样才能有效地控制和消除突发事件造成的后果。一般来说，物业管理企业须在短时间内有序地处理好突发事件，可参考图 3-29 所示的步骤。

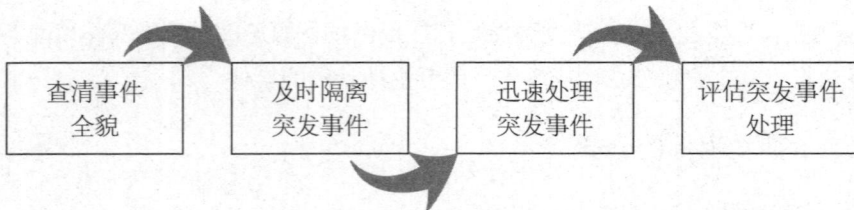

图 3-29　突发事件的处理步骤

1. 查清事件全貌

在突发事件发生后，物业管理企业应迅速分派人员查明事件的基本情况，快速获取尽可能多的突发事件的"4W"情况（见图 3-30），以便查清事件全貌。

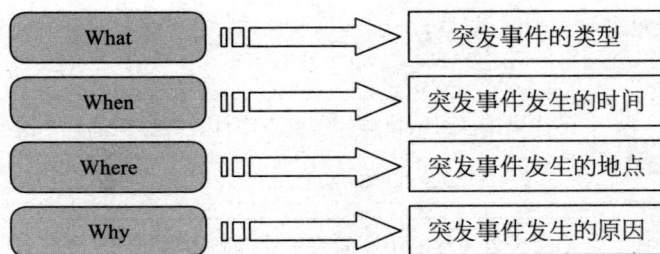

图 3-30　突发事件的"4W"情况

要查清突发事件的全貌，就要了解：突发事件现处于哪个阶段，突发事件是否已得到有效控制，控制措施的实施情况如何；若事件还在发展期，其发生的原因是什么，怎样才能使事件得到有效控制，采取措施后的效果及可能产生的社会影响。

比如，小区内发生溢水事件，必须查清其发生的时间、地点及影响范围，同时要查清发生溢水事件的原因是什么，是水管爆裂还是水管或地漏堵塞，以便确定处理措施，查清事件的影响面。

2. 及时隔离突发事件

在查清事件全貌后，要迅速隔离突发事件，以免影响范围扩大。隔离突发事件的主要工作如图 3-31 所示。

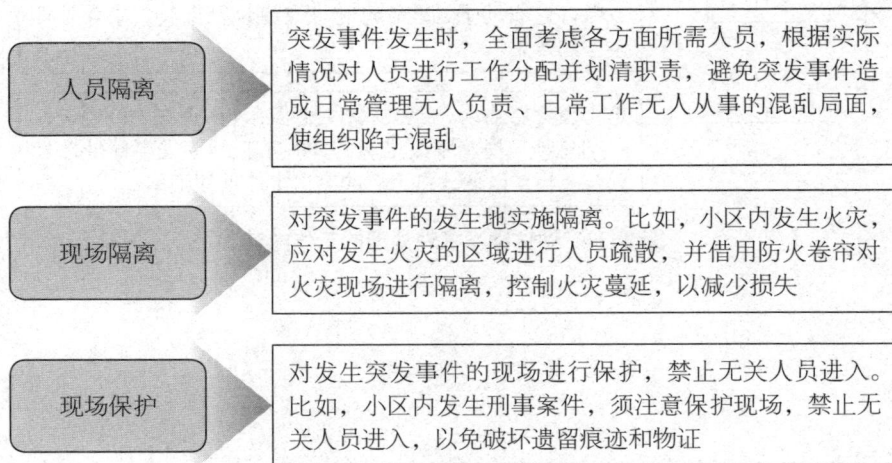

图 3-31　隔离突发事件的主要工作

3. 迅速处理突发事件

处理突发事件就是根据查明的信息采取对策，以平息突发事件。处理突发事件时要注意图 3-32 所示的两个要点。

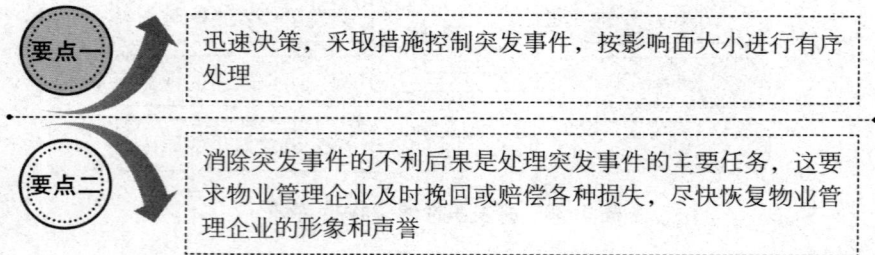

图 3-32　处理突发事件的要点

4. 评估突发事件处理

评估突发事件处理是指对突发事件处理工作及其成效进行调查、评价和总结，这是整个突发事件处理工作的最后一个环节。一般来说，评估突发事件处理包括图 3-33 所示的三个方面的工作。

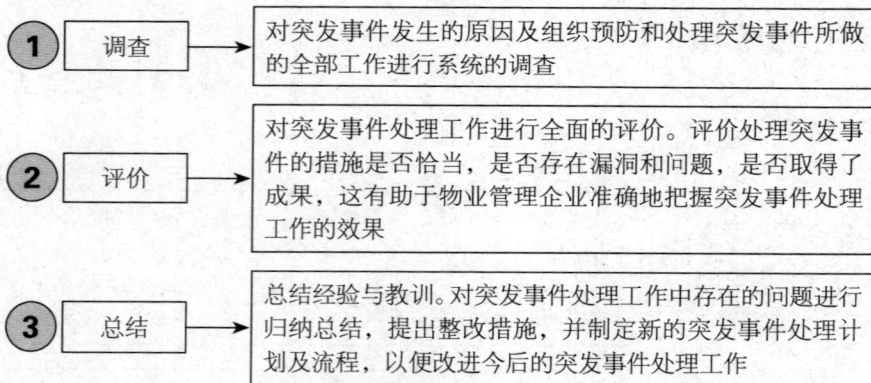

图 3-33　评估突发事件处理的工作内容

环节 4　智慧停车服务

当下，"小区停车难、管理难"的问题日益突显，传统的基建设施已经很难满足业主（用户）日常停放车辆的需求。于是，智能停车系统应运而生，其可以满足社区停车管理的各种需求，解决停车难问题，让业主（用户）的生活更安全、更便利。

智能停车系统的构成如图 4-1 所示。

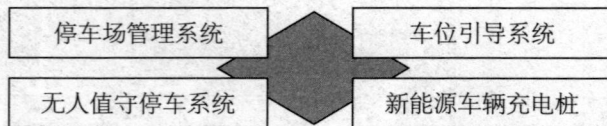

停车场管理系统	车位引导系统
无人值守停车系统	新能源车辆充电桩

图 4-1　智能停车系统的构成

细节17：停车场管理系统

停车场管理系统（见图 4-2）是以车辆图像对比管理为核心的车辆收费管理综合系统，用于对停车场入口及出口管理设备实行自动控制、对停放在停车场中的车辆按照预先设定的收费标准实行自动收费。该系统通过图像处理和自动识别，对车辆进出、车辆收费等进行全方位管理。

（一）停车场管理系统的功能

1. 数据处理功能

停车场管理系统具有强大的数据处理功能，可以对各种参数进行设置，进行 IC 卡挂失和恢复，进行分类查询，打印统计报表，还能对相关数据进行管理。

2. 图像对比功能

停车场管理系统具有图像对比功能，该功能可以将入场车辆的外形和车牌号摄录下来并保存在数据库中，当车辆出场时，屏幕上自动显示车辆在出口处摄录的图像和在入口处摄录的图像并将其与数据库中的记录对比，确定车型、车牌号等与记录相符后，自动道闸的闸杆升起，放行车辆。

车辆入场时，系统完成车辆识别后，入口道闸的闸杆抬起，车辆进入；车辆通过后，闸杆自动下落，封闭入口。

车辆出场时，系统完成车辆识别后，出口道闸的闸杆抬起；车辆通过后，闸杆自动落下，封闭出口。

临时停车的车主在车辆检测器检测到车辆后，按入口控制机上的取卡按键取出一张 IC 卡，完成读卡、摄像和放行。出场时，车主在出口控制机上读卡并缴纳停车费，同时系统进行图像对比，无异常情况时开闸放行。如果停车超期、超时或 IC 卡无效，出口处的自动道闸的闸杆不会抬起。

（二）停车场管理系统的特点

停车场管理系统具有图 4-2 所示的特点。

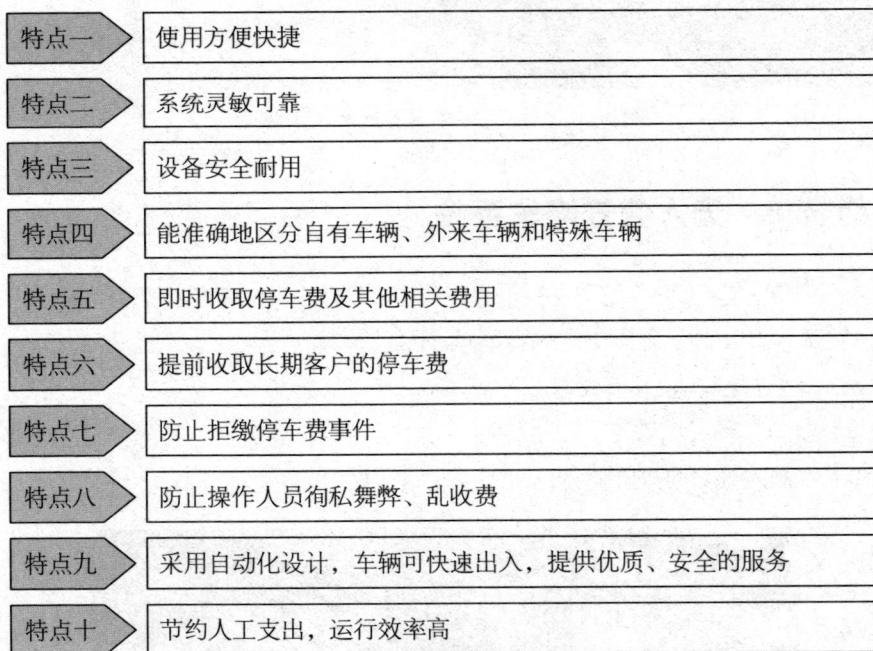

特点一	使用方便快捷
特点二	系统灵敏可靠
特点三	设备安全耐用
特点四	能准确地区分自有车辆、外来车辆和特殊车辆
特点五	即时收取停车费及其他相关费用
特点六	提前收取长期客户的停车费
特点七	防止拒缴停车费事件
特点八	防止操作人员徇私舞弊、乱收费
特点九	采用自动化设计，车辆可快速出入，提供优质、安全的服务
特点十	节约人工支出，运行效率高

图 4-2　停车场管理系统的特点

（三）停车场管理系统的构成

停车场管理系统一般由出入口道闸、地感线圈（车辆检测器）、入口控制机、出口控制机、图像对比系统、车牌自动识别系统、远距离读卡系统、数据库系统、收费系统、岗亭设备、管理软件等构成。

某小区停车场管理系统如图 4-3 所示。

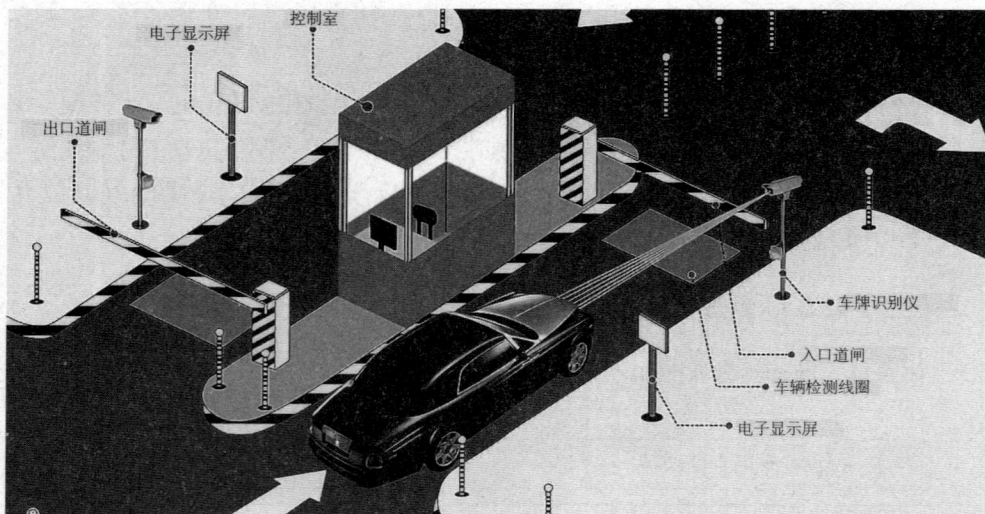

图 4-3 某小区停车场管理系统示意图

细节18：无人值守停车系统

无人值守停车系统（见图 4-4）是以车牌识别技术为基础，以移动支付为收费方式，实现无卡收费、无人值守的智能停车系统，其作用如下。

（1）降低管理方的人员成本。

（2）提高车辆进出效率。

（3）提高物业管理水平。

图 4-4 无人值守停车系统示意图

（一）车辆管控

入场时，识别设备将车牌号、停车时间、车辆图像等信息上传到系统，然后系统下发指令对车位状态、电子显示屏信息进行实时更新。

1. 管控车辆入场

车牌识别仪自动识别车牌，若车牌有效，入口道闸的闸杆自动抬起，允许车辆进入；车辆通过入口处的道闸后，闸杆自动落下，封闭入口。

2. 管控车辆出场

车牌识别仪自动识别车牌，若车牌有效，出口道闸的闸杆自动抬起，车辆通过道闸后，闸杆自动落下，封闭出口车道；若车牌无效，出口道闸不抬起。

3. 管控临时停车

车牌识别仪自动识别车牌，系统自动完成车辆入场登记、摄像和放行；出场时，完成缴费后，车牌识别仪自动识别车牌，系统判断缴费正常后，开闸放行。

（二）收费模式

无人值守停车系统支持多种收费模式，包括扫码支付、在线缴费、自助缴费，具体如下。

1. 扫码支付

在停车场内显眼处粘贴固定的付款二维码，车主在开车出场前使用微信、支付宝等 App 的扫码功能扫描付款二维码，在打开的页面中输入车牌号、缴纳停车费（见图 4-5）。

图 4-5　扫码支付停车费

另外，出口处有电子显示屏，车辆出场时屏幕上会显示付款二维码，车主通过微信、支付宝等 App 扫码缴费，缴费成功后，道闸自动抬杆放行。

2. 在线缴费

车主可下载安装相应的 App，绑定车牌号之后即可查询、缴纳停车费，有些 App 还支持月卡续费、访客代缴等功能。

车主也可以关注相关微信公众号，并在微信公众号中绑定车牌号，同样可以查询、缴纳停车费。

3. 自助缴费

有些停车场内有自助缴费机（见图 4-6），车主可以通过自助缴费机查询、缴纳停车费，并通过微信、支付宝等 App 扫描自助缴费机生成的二维码或以刷银行卡的方式完成缴费。

图 4-6　自助缴费机

细节19：车位引导系统

车位引导系统是智能停车系统的重要组成部分，该系统通过在车位安装的探测器获得空车位信息，然后通过云平台将数据传给车主，从而引导车主停车（见图 4-7）。

图 4-7　车位引导系统引导车主停车

（一）车位引导系统的功能

车位引导系统具有图 4-8 所示的功能。

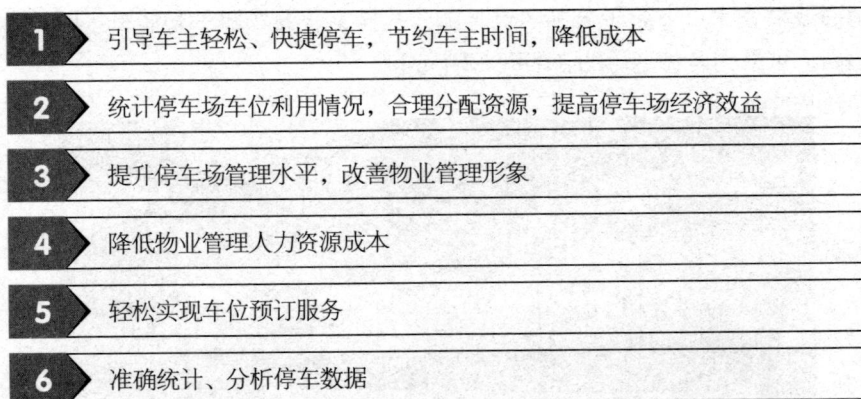

1 引导车主轻松、快捷停车，节约车主时间，降低成本

2 统计停车场车位利用情况，合理分配资源，提高停车场经济效益

3 提升停车场管理水平，改善物业管理形象

4 降低物业管理人力资源成本

5 轻松实现车位预订服务

6 准确统计、分析停车数据

图 4-8　车位引导系统的功能

（二）建设车位引导系统的目标

建设车位引导系统是为了引导进场车辆尽快找到理想的空车位，避免通道拥堵，提高停车场运行效率，有效提高物业管理企业的美誉度。对物业管理企业来说，车位引导系统的建设应达成图 4-9 所示的目标。

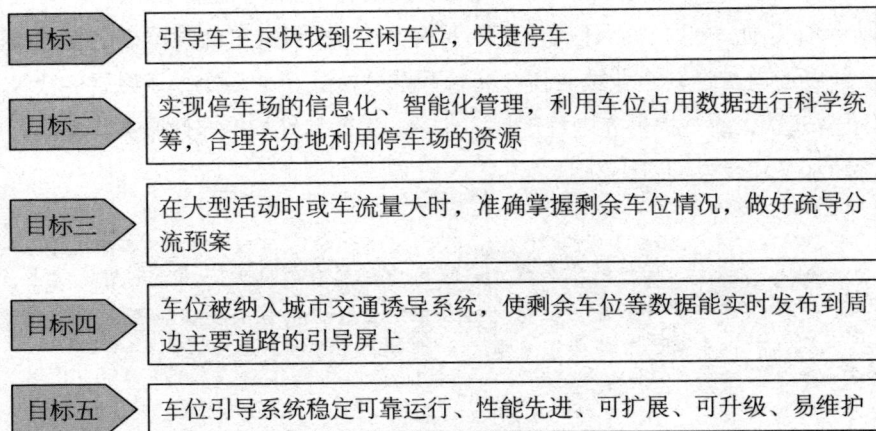

目标一　引导车主尽快找到空闲车位，快捷停车

目标二　实现停车场的信息化、智能化管理，利用车位占用数据进行科学统筹，合理充分地利用停车场的资源

目标三　在大型活动时或车流量大时，准确掌握剩余车位情况，做好疏导分流预案

目标四　车位被纳入城市交通诱导系统，使剩余车位等数据能实时发布到周边主要道路的引导屏上

目标五　车位引导系统稳定可靠运行、性能先进、可扩展、可升级、易维护

图 4-9　建设车位引导系统的目标

细节20：新能源车辆充电桩

新能源车辆充电桩（见图4-10）的功能类似于加油站里面的加油机，可以固定在地面或墙壁上，安装于公共建筑（如公共楼宇、商场等）和居民小区停车场或充电站内，可以为各种型号的新能源车辆充电。

图4-10　某小区新能源车辆充电桩

近年来，国家出台了相关政策，提出要加快推进居住社区充电设施建设安装，推进既有居住社区充电桩建设，对积极支持配合充电桩安装的居住社区管理单位可予以专项奖励。同时，新建居住社区要落实100%固定车位预留充电桩建设安装条件。鼓励充电桩运营企业或居住社区管理单位接受业主委托，开展居住社区充电桩"统建统营"，统一提供充电桩规划、建设、运营与维护等有偿服务，提高充电桩安全管理水平和绿电消费比例。

小提示

车位、车辆的所有权人有权申请在私有车位上安装充电桩，物业管理企业不得以存在安全隐患作为拒绝安装充电桩的理由。物业管理企业应配合业主安装新能源车辆充电桩，并为安装提供便利。

环节 5　环境绿化服务

现在的人们都追求高质量生活，业主（用户）对小区的绿地面积、整体布局和绿化档次的要求日渐提高。小区绿化可以为业主（用户）营造清新、自然的居住环境，可以调节人们的心理。因此，环境绿化服务在物业服务工作中占有重要地位。

环境绿化服务流程如图 5-1 所示。

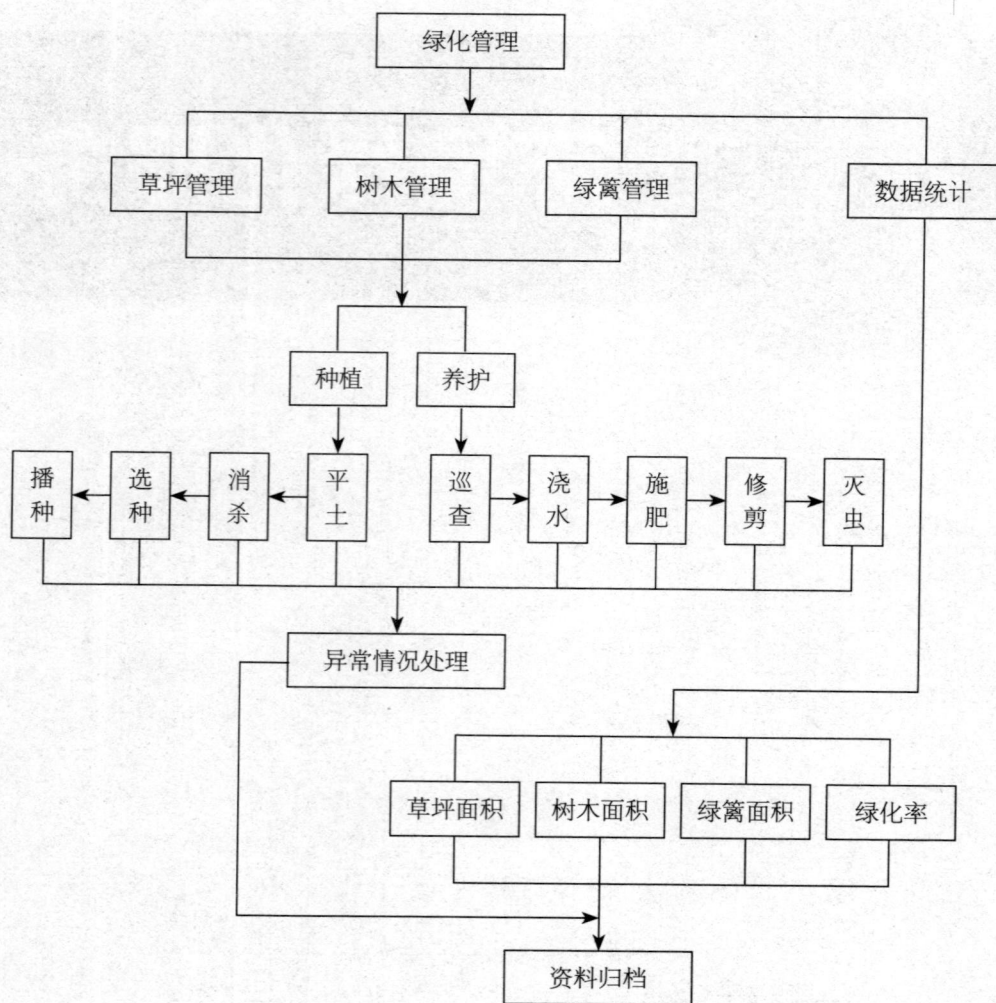

图 5-1　环境绿化服务流程

细节21：指导检查有标准

物业管理企业要安排专人对各项服务工作进行必要的检查和指导，而检查每一项工作都要有具体的标准。绿化检查的标准如图 5-2 所示。

图 5-2　绿化检查的标准

（一）色

"色"是指小区里面的各类花草树木应展现出各自所特有的、健康的颜色。

比如，草坪要翠绿，冬青要油绿，松树要深绿，即所谓的"苍松翠柏、绿柳青杨、青青绿草"；金叶女贞、金叶榆等植物的叶片要呈现金黄色；紫叶矮樱等植物的叶片要呈现漂亮的、鲜艳的红色；各种花木的叶片不能有病斑（病斑颜色有白色、黄色、黑色、铁锈色等）、虫卵、害虫排泄物等；不发生缺少肥料所导致的绿叶泛黄、黄叶泛白、叶片大小不正常、草坪提早抽穗等问题；不发生病害防治不到位所导致的叶片出现白粉、锈斑、菌丝等问题；不发生虫害防治不到位所导致的叶片上有大量害虫而引发"煤污""油污"及失绿、失色等问题。

可以这样说，只要花草树木的叶片颜色发生了异常变化，必定是养护工作出现了问题，一定要具体问题具体分析，排查原因，及时解决，还花草树木的本色。绿化负责人要练就依据叶色、叶形、叶面情况来判断花草树木生长是否正常的本领。

（二）齐

"齐"是指通过修剪、补栽等手段使绿篱、色带、色块、草坪等保持整齐、齐全，以齐凸显美感。"齐"的要点如图 5-3 所示。

要点一	及时补栽空缺的绿篱、色带、行道树等
要点二	草坪养护要做到平整齐全，不倒伏、不抽穗，在斑秃部位及时补栽或补种；发现草长势不一致的情况要注意区别施肥，加强对长势较弱的草的水肥管理，确保修剪后的草的生长速度基本保持一致；同时，草坪切边也要保持整齐
要点三	补种有行列要求的树木时要与原有的行列保持一致
要点四	定期对大型灌木进行整形修剪，杜绝其自由生长，严格控制其生长范围及大小，确保新梢不超长（一般以不超过 15 厘米为宜），株间不出现树冠连接甚至交错现象

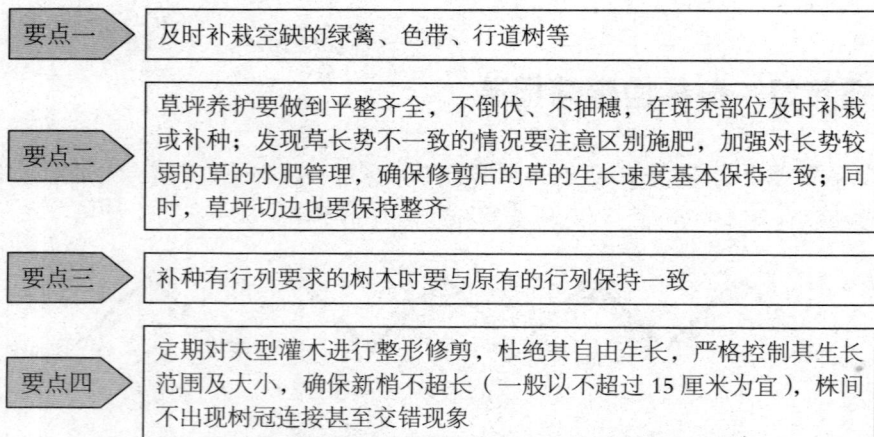

图 5-3 "齐"的要点

（三）净

"净"是指场地要干净，花草树木要干净。"净"的要求如图 5-4 所示。

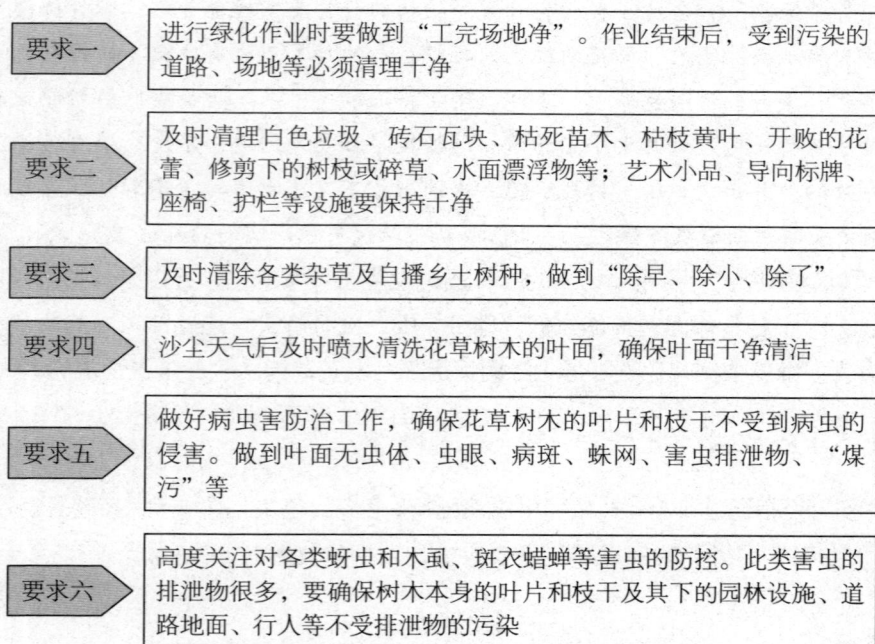

要求一	进行绿化作业时要做到"工完场地净"。作业结束后，受到污染的道路、场地等必须清理干净
要求二	及时清理白色垃圾、砖石瓦块、枯死苗木、枯枝黄叶、开败的花蕾、修剪下的树枝或碎草、水面漂浮物等；艺术小品、导向标牌、座椅、护栏等设施要保持干净
要求三	及时清除各类杂草及自播乡土树种，做到"除早、除小、除了"
要求四	沙尘天气后及时喷水清洗花草树木的叶面，确保叶面干净清洁
要求五	做好病虫害防治工作，确保花草树木的叶片和枝干不受到病虫的侵害。做到叶面无虫体、虫眼、病斑、蛛网、害虫排泄物、"煤污"等
要求六	高度关注对各类蚜虫和木虱、斑衣蜡蝉等害虫的防控。此类害虫的排泄物很多，要确保树木本身的叶片和枝干及其下的园林设施、道路地面、行人等不受排泄物的污染

图 5-4 "净"的要求

（四）盛

"盛"是指各类花草树木茂盛，不发生枯黄、残缺、衰败、斑秃、荒芜等现象。要加强水肥管理、中耕除草、病虫防治、整形修剪、越冬防护等基础养护工作，确保不发生缺水缺肥问题，不发生过量施肥或过量喷洒农药的问题，不发生杂草失控的问题，不发生放任生长的问题，做到叶色葱郁、花大色艳、枝繁叶茂。

（五）美

"美"是指花草树木要漂亮。养护工作讲究"绿化美化"，其中"绿化"是基础，是初级目标，"美化"是更高的追求，是终极目标。平整的草坪、飘逸的色带、新颖的造型、通透而整洁的树冠、整洁的环境等都是"美"的具体体现。

实现这一终极目标的手段就是整形修剪技术，整形修剪的要求如图5-5所示。

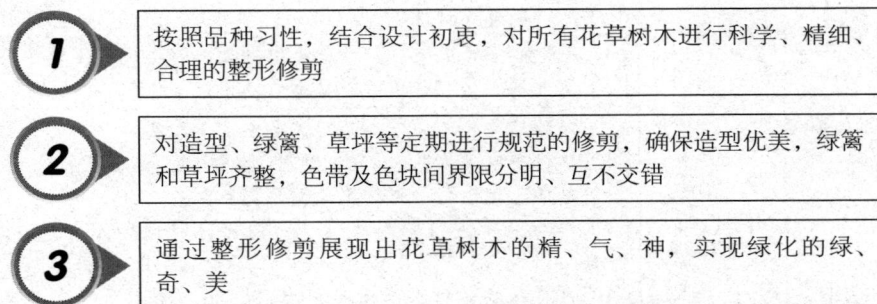

1	按照品种习性，结合设计初衷，对所有花草树木进行科学、精细、合理的整形修剪
2	对造型、绿篱、草坪等定期进行规范的修剪，确保造型优美，绿篱和草坪齐整，色带及色块间界限分明、互不交错
3	通过整形修剪展现出花草树木的精、气、神，实现绿化的绿、奇、美

图 5-5　整形修剪的要求

细节22：养护质量有标准

要想做好绿化养护，必须有相应的质量标准。在条件允许的情况下，物业管理企业可参照园林养护一级标准，认真进行日常的检查和指导，并制定相应的考核内容，做到检查有依据、操作有参照、考核有标准。

下面提供一份物业管理企业制定的绿化养护质量标准范本，仅供参考。

范本

绿化养护质量标准

养护科目	细项	质量标准
草坪	基础养护	（1）确保草坪成活，无枯黄现象 （2）无明显病虫害现象 （3）无明显杂草、枯草 （4）无明显垃圾、枯枝落叶，基本保持整洁
	Ⅲ级养护	（1）保持草坪土壤润泽，草坪覆盖均匀 （2）控制病虫害隐患，避免害虫大面积侵蚀草坪 （3）无明显裸露泥土和板结泥土
	Ⅱ级养护	（1）草坪覆盖率达到 95% 以上 （2）草坪高度保持在 10～15 厘米 （3）草坪、道路边缘及乔、灌木根部等地，采用人工剪草 （4）所剪草渣及时收捡清运，不能过夜
	Ⅰ级养护	（1）保持草坪的均一性，无明显裸土、杂草及病虫害痕迹 （2）草坪高度保持在 8～12 厘米，无起伏、交错现象 （3）草坪色泽均匀、肥料充足、无较大色差 （4）草坪病虫害控制率达到 95% 以上，以预防为主，防治结合 （5）每年根据草坪性质定期梳草、打孔，保证草坪透气性，无明显草垫层
乔木	基础养护	（1）确保乔木成活，无明显枯枝、枯叶 （2）无明显病虫害现象
	Ⅲ级养护	（1）乔木生长正常、形态美观、无凌乱枝条 （2）乔木树干无虫害洞口，无害虫攀爬树干
	Ⅱ级养护	（1）乔木枯枝枯叶修剪率达到 5% 以上，无曲枝、蘖枝现象 （2）每季度定期施肥，保持乔木形态自然美观 （3）乔木基部无萌蘖枝、无过长杂草及杂物
	Ⅰ级养护	（1）保持乔木长势健壮，杆径、冠幅比例协调 （2）每年进行一次乔木整体整形，修整前预先告知主管单位 （3）修整大型乔木有防护措施（如高梯、警示牌等）
灌木（含绿篱灌木）	基础护养	（1）确保灌木成活、无明显枯枝烂叶 （2）无明显病虫害现象 （3）保护灌木基本平整成形

（续表）

养护科目	细项	质量标准
灌木 （含绿篱灌木）	Ⅲ级养护	（1）保持灌木生长正常、株形整齐、色泽均匀 （2）及时在空缺处补栽灌木，保持美观整齐 （3）灌木簇丛根部无明显杂草杂物，保持清洁
	Ⅱ级养护	（1）灌木新枝不超过 15 厘米，修剪时应保持原有造型（如球形、塔形、条形、曲线形等） （2）灌木枯枝修剪率达到 95% 以上 （3）灌木虫害面积控制率达到 95% 以上
	Ⅰ级养护	（1）灌木枝叶稠密、整齐一致，新枝不超过 8 厘米 （2）灌木平面、侧面轮廓分明，坡形、弧形自然 （3）高位修剪时有防护措施（如高梯、警示牌等）
机具	剪草机	（1）使用剪草机过程中严格按使用说明书规范操作 （2）雨天或草地未干时不使用剪草机 （3）剪草机由专人管理，专人使用 （4）每天对剪草机进行日常保养，每周对其进行维护，确保剪草机正常工作
	喷雾器	（1）喷雾器由专人管理，专人使用 （2）操作前穿戴好防护服（如口罩、手套、防护衣、防护靴等） （3）操作时掌握风向，注意喷雾方向，避免伤及他人
	绿篱机	（1）使用绿篱机前先检查油量、机油配比、能否正常启动 （2）使用绿篱机过程中严格按使用说明书规范操作 （3）绿篱机由专人管理，专人使用 （4）注意绿篱机日常保养，降低故障率；遇故障及时维修
	电动机	（1）注意电动机的防水和防漏电 （2）电动机作业时应远离办公区域，减少噪声污染 （3）电动机使用后应立即入库，避免对主管单位工作和环境造成影响
其他	浇水	（1）使用主管单位提供的无污染水 （2）浇水作业时间为夏季早晚浇（9：00 以前，17：00 以后），冬季中午和下午浇（10：00—15：00） （3）浇透，保持植物土壤的湿润度达到一定标准 （4）给乔木浇水时在根部打土围，保持所浇土壤疏松不板结 （5）根据不同的气候、温度及植物类型制定不同的浇水时间和浇水量
	施肥	（1）施肥时采用沟施、环施、手撒等方法，施肥处不裸露，用土埋或浇水处理 （2）给草坪施肥后及时进行回水处理

（续表）

养护科目	细项	质量标准
其他	施肥	（3）施肥时有详细记录，填报《施肥记录簿》 （4）天气炎热时不进行施肥、浇灌等作业 （5）按计划对乔、灌木及草坪施肥
	防病虫害	（1）防虫施药操作安排在下班或周末实施 （2）施肥时做详细记录，填报《防病虫害记录簿》 （3）高温天不进行防病虫害作业
	农药	（1）使用特效农药时提前 3 天告知主管单位 （2）农药管理实行标签药名对号入库，每日核查 （3）农药配对后立即入库入位，设置专人管理 （4）施用农药时间根据不同的病虫害确定，更好地发挥农药的功效 （5）施放农药时由专人配对、专人实施操作 （6）施放农药时检查周边环境，避免伤及他人
	防冻	（1）冬季对畏寒植物进行防冻罩袋处理，实施前预先告知主管单位 （2）罩袋颜色要统一，遮盖适度，操作规范 （3）展开罩袋工作时有防护措施（如高梯、警示牌等） （4）入冬前追加植物底肥，增强植物耐寒力
	防涝	（1）完善排灌系统、疏通排水通道 （2）对植物进行人工培土 （3）如发生洪涝灾害，应及时通知主管单位
	盆栽	（1）花叶茂盛、花朵鲜艳，成活率达到 95% 以上 （2）无根茎断折、害虫攀爬现象 （3）枝叶花叶干净、无积尘，花盆干净、无污迹
	水域	（1）保证水域景观内水质清洁、透亮、无味 （2）夏季每周换水，冬季每月换水 （3）确保水生植物及水域周边植物成活和美观
	文化设施	（1）保持与绿化环境相关的文化设施的整洁 （2）每周进行日常清理，每月定期进行整体清理 （3）若发现文化设施损坏，在第一时刻告知主管单位
	特殊情况	（1）乔木被吹倒或淋倒时，及时扶正搭架，对倒塌乔木采取急救措施 （2）拔除割锯乔木前应告知主管单位，并填写《植物损耗记录簿》 （3）操作时有防护措施（如高梯、警示牌等）

（续表）

养护科目	细项	质量标准
其他	植物补栽	（1）根据植物适宜栽种时间，及时补种补栽 （2）补种补栽植物前，应预先告知主管单位
	作业要求	（1）员工作业时禁止喧哗，做到文明用语、规范操作 （2）绿化作业后杂物、垃圾倾倒在固定垃圾堆放处，做到日产日清 （3）绿化清洁工具摆放在指定位置，安排专人管理，不得影响主管单位日常工作和环境美观

细节23：养护技术有保障

科学的养护是巩固和扩大小区绿化建设成果的关键，对确保绿化效果十分重要。

（一）绿化负责人应具备的能力

绿化负责人必须掌握一些基本的绿化养护知识，使自己从"门外汉"变为"内行人"，最好变成"行家里手"。绿化负责人应具备的能力如图5-6所示。

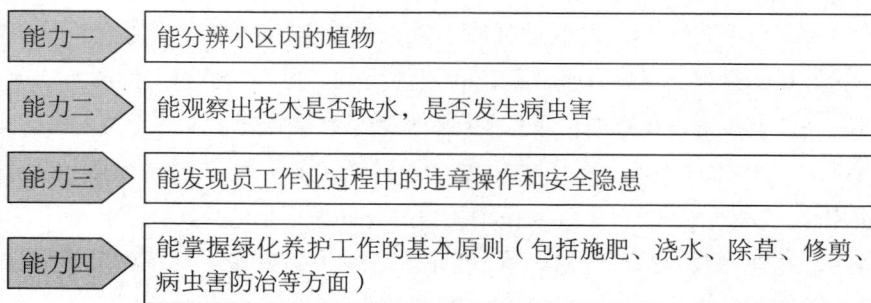

能力一	能分辨小区内的植物
能力二	能观察出花木是否缺水，是否发生病虫害
能力三	能发现员工作业过程中的违章操作和安全隐患
能力四	能掌握绿化养护工作的基本原则（包括施肥、浇水、除草、修剪、病虫害防治等方面）

图5-6　绿化负责人应具备的能力

（二）绿化养护知识与技术的培训

物业管理企业要重视对绿化养护人员进行专业知识与技术的培训，可以聘请业内的专家或有丰富从业经验的人员定期为员工培训，帮助他们掌握园林机具使用和保养、常见病虫害识别、农药配兑及喷洒、肥料识别及施用、园林整形修剪等基本知识和技能。物业管理企业应结合考核和实践，使绿化养护人员变成熟练工，甚至成为园林工匠，实现"专业的人做专业的事，专业的事培养专业的人"。

细节24：安全防范有措施

绿化养护工作涉及登高作业、农药施用、园林机具操作等，工作危险性较高，因此，物业管理企业要加强对员工安全作业的培训，配发安全防护设备。具体要注意以下六点。

（1）定期对作业人员进行安全作业培训，增强他们的安全操作意识，杜绝违章作业和冒险行为；考核工作绩效时实行安全作业一票否决制，让作业人员认识到"安全是最大的节约，事故是最大的浪费"。

（2）作业人员修剪乔木时必须佩戴安全帽，登高（上梯或上树）人员必须佩戴安全带，穿着防滑效果好的工作鞋，到达作业部位后，将安全带固定在粗大树枝上后再进行作业。

（3）登高作业所用的手锯、剪枝剪等工具须系上腕带或配置工具包（套），严防工具坠落。

（4）农药、汽油等有毒、易燃物品须由专人进行严格管理，设立安全的保管场所并配置一定数量的干粉灭火器。

（5）做好各类园林机具的日常保养，在使用前要认真检查，尤其要高度关注固定剪草机刀片的螺丝，并对作业人员进行岗前培训。检修剪草机刀片或清洁剪草机底盘时，一定要拔下火花塞帽。保养或启动割灌机时必须要求现场无关人员远离。

（6）农药必须按说明书推荐的浓度进行稀释。不使用国家明令禁止的剧毒农药。喷药前，在业主群或公示栏发布相关信息并劝离现场的无关人员。在喷洒农药的过程中，作业人员要佩戴专用口罩、穿长袖衣裤并戴乳胶手套；如果使用背负式喷雾器，其密封效果要良好，不得发生药液遗漏。在整个喷药过程中，作业人员不得吸烟、喝水、吃东西。喷药时，作业人员要始终站在上风口。工作结束后，作业人员要及时清洗皮肤裸露部位并漱口。

作业人员操作时的穿戴如图 5-7 所示。

图 5-7　作业人员操作时的穿戴

细节25：业主（用户）行为有引导

俗话说"三分种，七分养"，小区的绿化环境要靠大家共同维护，物业管理企业应呼吁所有业主（用户）爱护小区的绿化环境。

（一）积极引导

对绿地的踩踏、对花木的攀折、宠物及其排泄物对绿地的破坏等，都是人为造成的。因此，积极引导业主（用户）加强爱护绿化意识、加强宠物管理是非常有必要的。在日常工作中，巡逻人员要对业主（用户）不爱护绿化的行为进行及时提醒和劝阻。

（二）发出倡议

小区绿化与每一位业主（用户）息息相关，为了营造一个文明、优美、舒心、安康的生活环境，物业管理企业可以向全体业主（用户）发出如下倡议。

（1）不破坏小区绿化，不采摘花朵，不践踏、穿越草坪，不在花坛里玩耍，儿童做游戏时远离花木。

（2）树立文明观念，积极参加小区的护绿活动，见到破坏绿化及不文明的行为应及时进行劝阻。

（3）了解环保知识，积极向身边的人宣传绿色理念，倡导大家做爱护树木的"绿色传播者"。

细节26：园林知识有宣传

维护小区绿化工作的成果，不仅是绿化养护人员的职责，也是每一位业主（用户）的职责。物业管理企业应积极向业主（用户）宣传园林知识。

（1）制定规章并宣传。

（2）完善绿化保护系统，在人为破坏较多的地方增加保护绿化的宣传牌。

（3）制作树木名牌，介绍树木名称及其生长习性和养护要点，增加业主（用户）对树木的认知与了解；制作爱护花草树木的提示牌，将其竖立在醒目的位置（见图 5-8）。

图 5-8　树木名牌和提示牌

（4）宣传宠物排泄物对植物的危害，使广大业主（用户）认识到宠物排泄物不是植物的肥料。

（5）通过微信群、微信公众号、短视频等方式积极宣传保护绿化的知识，增强业主（用户）爱护绿化的意识。

（6）加强绿化知识宣传，可在报刊栏内开辟专栏用于绿化知识宣传。

（7）在绿化养护人员的主持下，面向业主（用户）开展插花、盆景养护、花卉栽培等活动。

（8）举行小区内植物认养活动，由业主（用户）认养小区内的主要植物，增强业主（用户）对小区内植物的认同感。

（9）由物业管理企业出面，在小区内举办绿化知识竞赛或美化阳台比赛等活动。

（10）在植树节或世界环境日举办植树活动或绿化知识宣传活动等。

小提示

物业管理企业应当主动向业主（用户）宣传绿化知识，强化其保护绿化的意识，以便共同维护小区的绿化工作成果。

经典案例

不文明的行为，损毁花园绿地

【案例背景】

××小区原来有一片开放式绿地。绿地上亭栅多姿，池水泛光，花木含情。春、夏、秋的傍晚时分，众多住户都喜欢在这里驻足小憩。然而，其中也有一些不太自觉的人，随意在草地上穿行、坐卧、嬉戏，破坏了绿地植被，黄土裸露，养护人员不得不反复种植。管理处想了很多办法，都未奏效。后来，管理处拓宽思路，采取了教、管、疏相结合的办法。

教——加大宣传力度。首先将警示牌从通道旁移到人们时常穿越、逗留的绿地中，同时将警示语由"请勿践踏草地，违者罚款"更改为生动的"请高抬贵脚，听，小草在哭泣""人类有了绿树、鲜花和小草，生活才会更美丽""我是一朵花，请爱我，别采我""小草正睡觉，勿入草坪来打扰"等。

管——配足保安人员，实行全员治理。针对傍晚人们出入较频繁的特点，指定一人重点负责巡逻绿地，同时要求其他员工若发现有人践踏绿地，都主动上前劝阻（办事有分工，管事不分家，这才是高水准的物业管理），不给绿地治理留空白。

疏——营造客观情境，增设人行通道。在只有翻越亭台才能避开绿地通行的地段，增铺人行通道，同时把绿地喷灌时间由早晨改为傍晚，使人们尽享美

93

景，而又无法做出坐卧、嬉戏等煞风景之举。

一段时间之后，××小区的绿地中依然游人如织，但破坏绿地的现象则很少了。

【案例分析】

维护小区的绿化工作成果，不做宣传工作是不行的，但光靠宣传也是难以奏效的，既要讲道理，又要采取强有力的措施。情理并用，工作才能见到效果。

环节 6　物业保洁服务

　　一个良好的生活环境既有益业主（用户）的身心，还能体现物业管理企业的服务水平。整洁的小区环境，需要规范化的物业保洁服务。

　　一般来说，物业保洁服务流程如图 6-1 所示。

室内保洁工作流程	室外保洁工作流程	消杀工作流程

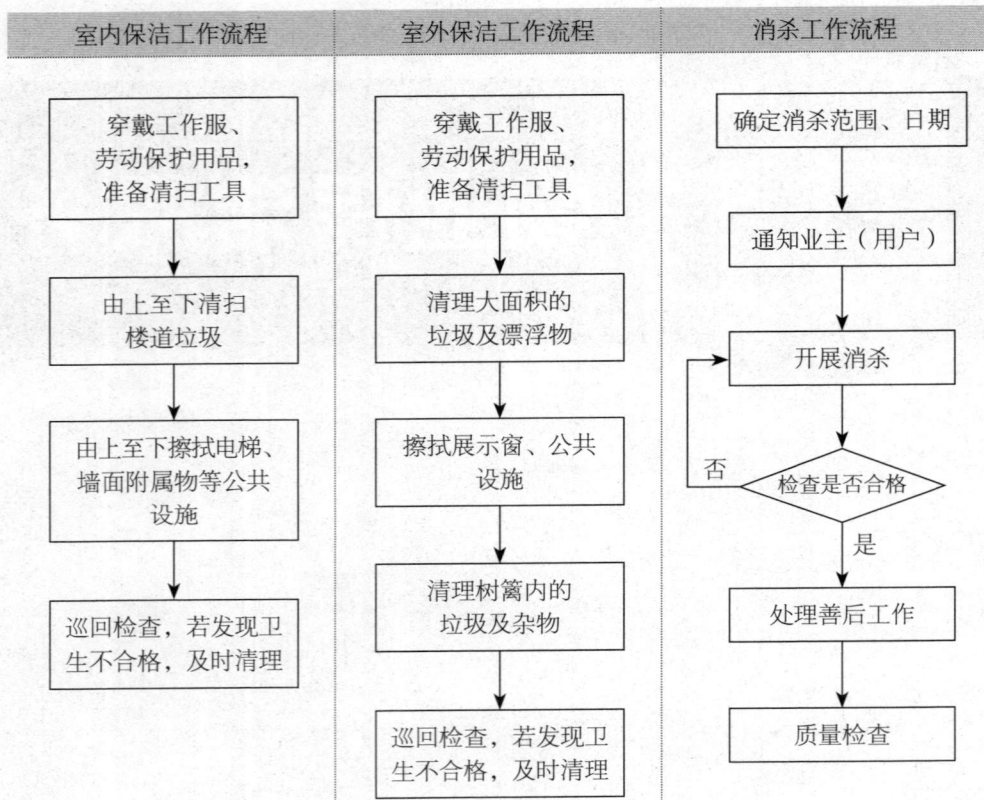

图 6-1　物业保洁服务流程

细节27：明确保洁管理范围

　　物业管理企业要做好保洁管理工作，首先必须明确保洁管理范围。

1. 公共场所保洁管理

公共场所保洁管理的范围和主要内容如表 6-1 所示。

表 6-1　公共场所保洁管理的范围和主要内容

范围	主要内容
室内公共场所的清洁和保养	在办公楼、宾馆、商场、居民住宅楼等楼宇内开展保洁，包括楼内大堂、楼道、大厅等的卫生清洁、地面清洁、地毯清洗；门、玻璃、墙裙、立柱等的擦拭；卫生间的清扫与清洁
室外公共场所的清扫和维护	室外公共场所主要有道路、花坛、绿地、停车场地、建筑小品、公共健身场地等。应重点做好地面清扫、绿地维护、建筑小品维护和清洁等
楼宇外墙的清洁和保养	楼宇外墙的清洁和墙面的保养，以及雨篷等楼宇的附属设施的维护

室外公共场所的清扫如图 6-2 所示。

图 6-2　室外公共场所的清扫

2. 垃圾管理

垃圾管理包括以下三个方面的内容。

（1）生活垃圾的收集和清运

物业管理企业应熟悉小区居住人员情况，并据此确定垃圾产生量，从而确定收集设施的规模；合理布设垃圾收集设施的位置，包括垃圾桶、垃圾箱等的位置；制订日常的清运计划。

（2）建筑垃圾的收集和清运

随着城市居住面积大幅度增加，装修带来的建筑垃圾问题日益凸显。建筑垃圾产生量大、品种相对稳定、不宜降解，如果混杂在普通生活垃圾中，会使生活垃圾难以焚烧处置，或者占用卫生填埋场地，增加生活垃圾的处理难度。因此，对于装修产生的建筑垃圾，应单独收集和清运，并可采取综合利用的办法进行处置。

（3）垃圾收集设施的维护和保养

近年来，垃圾收集设施的品种和规格不断增加，垃圾中转设施更加完善，各种形状、规格的垃圾箱、果皮箱逐渐取代了传统的大型铁皮垃圾箱，因此应根据垃圾收集设施的特点，安排人员经常对其进行维护和保养。

3. 公共场所卫生防疫管理

公共场所卫生防疫管理包括以下两个方面的内容。

（1）公共场所消毒

公共场所包括宾馆、商场、图书馆、博物馆、医院、火车站等。物业管理企业主要负责宾馆、商场、办公楼等公共场所的消毒。

（2）公共场所杀虫、灭鼠

公共场所有许多病媒昆虫、动物，它们容易在人群居住地传播疾病，尤其是苍蝇、老鼠、蚊子、蟑螂、臭虫、蚂蚁等。

图 6-3 为保洁员对公共场所进行消杀。

图 6-3 保洁员对公共场所进行消杀

细节28：明确保洁管理目标

保洁管理的总目标，就是遵循社会经济发展规律和自然规律，采取有效的手段来影响和限制业主、使用人和受益人的行为，从而创造优美舒适的环境，确保物业经济价值的实现，最终达到保洁效益、经济效益和社会效益的统一。保洁管理的具体目标如图 6-4 所示。

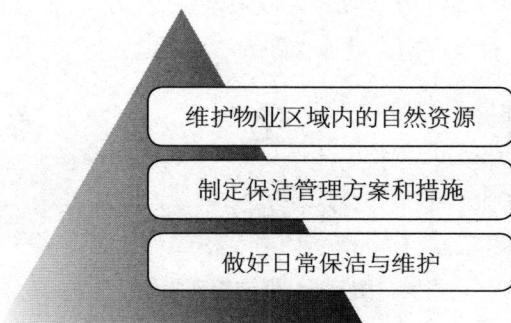

维护物业区域内的自然资源

制定保洁管理方案和措施

做好日常保洁与维护

图 6-4　保洁管理的具体目标

1. 维护物业区域内的自然资源

维护物业区域内的自然资源是指合理开发和利用物业区域内的自然资源，维护生态平衡，防止物业区域受到破坏和污染，使之适合于人们生活。

要达成这一目标，就必须把保洁管理与治理有机地结合起来，也就是合理利用资源，防止污染；在产生污染后，做好补救性的综合治理工作。

在实际工作中，物业管理企业应以防为主，把保洁管理放在首位，通过管理促进治理，为业主、使用人、受益人创造一个有利于生活的环境。

2. 制定保洁管理方案和措施

制定保洁管理方案和措施是指有效贯彻国家关于物业保洁的政策、法规、条例、规划等，具体制定保洁管理的方案和措施，选择能够保护和改善小区的切实可行的途径。

不同物业区域的保洁要求或标准有所不同，有的要求高一些，有的要求低一些，这就需要物业管理企业根据物业类型的不同和物业区域的不同，客观地确定保洁标准与规范。同时，物业管理企业还应组织有关部门定时进行物业保洁监测，掌握保洁状况。有条件的还可会同有关部门对保洁问题进行科学研究。

3. 做好日常保洁与维护

做好日常保洁与维护是指建立保洁的日常管理机构，做好保洁的日常管理工作，使物业区域得到净化、美化、绿化，保证正常的工作和生活秩序。

细节29：制定保洁管理规划

保洁工作是重复性的工作，要按部就班地按要求执行。物业管理企业应做好保洁管理规划，使员工有章可循，具体如图 6-5 所示。

图 6-5　保洁管理规划

1. 人员分工明确

保洁管理是一项细致、量大的工作，每天都有垃圾要清运、有场地要清扫。因此，物业区域内的任何一个地方均要有专人负责清洁卫生，并明确清扫的具体内容、时间和质量要求。

2. 配备必要的硬件

为了提高保洁工作的效率，物业管理企业应配备必要的硬件，如配备自动洗地机、地毯清洗机、扫地机等，在固定区域配备垃圾分类收集设施（见图 6-6）。

图 6-6　垃圾分类收集设施

3. 做好保洁计划

保洁计划应具体到每日、每周、每月、每季，甚至每年。

下面提供一份物业管理企业年度保洁工作计划范本，仅供参考。

范本

某物业管理企业年度保洁工作计划

项目	月份												标准
	1	2	3	4	5	6	7	8	9	10	11	12	
清扫电梯轿厢、门框及两侧幕帘	★	★	★	★	★	★	★	★	★	★	★	★	如有污染，每发生1次及时清扫1次
清扫电梯轿厢顶棚	◆	◆	◆	◆	◆	◆	◆	◆	◆	◆	◆	◆	干净、无尘、无污秽
擦拭草坪灯、健身器材、路灯2米以下部位	★	★	★	★	★	★	★	★	★	★	★	★	干净、无尘、无污秽
擦拭路灯2米以上部位	◆	◆	◆	◆	◆	◆	◆	◆	◆	◆	◆	◆	干净、无尘、无污秽
清掏雨水井、清理鹅卵石		◆				◆		◆				◆	雨水井无堵塞，鹅卵石无严重污染或积尘
清扫水幕墙	◆	◆	◆	◆	◆	◆	◆	◆	◆	◆	◆	◆	如遇重大节日，应在节前清扫完毕
清扫水池				◆					◆				根据水质污染情况适时清洗，换水须先上报并获批
清理阳光雨棚、单元雨棚、屋面、露台、泄水孔	◆		◆		◆		◆			◆			如遇重大节日，应在节前清理完毕
清扫楼道、天花板、车库顶、管道等		◆			◆			◆		◆			如遇重大节日，应在节前清理完毕
清扫单元门	★	★	★	★	★	★	★	★	★	★	★	★	如有污染，每发生1次及时清扫1次
擦拭楼道顶灯	◆			◆			◆			◆			如遇重大节日，应在节前适当增加1次

（续表）

项目	月份												标准
	1	2	3	4	5	6	7	8	9	10	11	12	
清扫楼道公共玻璃、纱窗、窗框			◆			◆			◆			◆	如遇重大节日，应在节前适当增加 1 次
清理落叶										☆	☆	☆	秋季工作重点
说明	★：每天 1 次 ◆：当月一次 ☆：重点，根据情况随时保洁												

细节30：达到保洁管理要求

不同等级、不同类型的物业管理企业对建筑物内公共部位的清洁度有不同的质量标准，同一区域内可能也有不同的管理要求与标准。一般来说，物业管理企业的保洁管理应达到图 6-7 所示的要求。

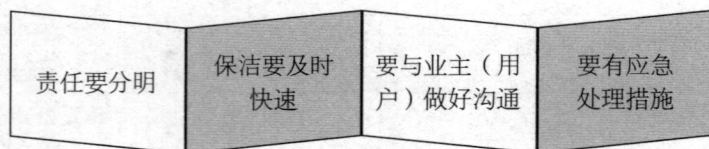

图 6-7　保洁管理的要求

（一）责任要分明

保洁管理必须做到责任分明，做到图 6-8 所示的"五定"。

图 6-8　"五定"

（二）保洁要及时快速

垃圾每天都会产生，灰尘随时都会落下，所以保洁要及时。每天产生的垃圾须及时清除，做到日产日清，并建立合理的分类系统。

（三）要与业主（用户）做好沟通

保洁员要与业主（用户）做好沟通，避免其乱扔垃圾。沟通时要有耐心，避免与其争吵，争取用实际行动将其感化。

（四）要有应急处理措施

意外情况通常包括火灾，雨水井、管道、化粪池严重堵塞，暴风雨，梅雨，水管爆裂，户外施工、装修等现象。

针对意外情况制定保洁工作应急处理措施，可使保洁员迅速按照该措施开展相关工作，避免意外情况对物业环境卫生的影响，为业主（用户）提供始终如一的物业保洁服务。

细节31：实施保洁5S管理

物业管理企业应依据各服务项目业态的不同，以5S标准进行服务，强化自身技能，增强服务意识，养成良好的素养，使工序简洁化、人性化、标准化。

5S 的含义及例子如表 6-2 所示。

表 6-2　5S 的含义及例子

名称	日语罗马拼音	含义	例子
整理	SEIRI	常整理：区分必需品和非必需品，现场不放非必需品	倒掉垃圾、将长期不用的东西放回仓库
整顿	SEITON	常整顿：尽可能缩短寻找必需品所需的时间	30 秒内可找到要找的东西
清扫	SEISO	常清扫：岗位保持无灰尘、干净整洁的状态	谁使用谁清洁（管理）
清洁	SEIKETSU	常规范：将 3S 进行到底，并且制度化	管理的公开化、透明化
素养	SHITSUKE	常自律：对于规定的事，大家都要遵守执行	严守标准、团队精神

（一）整理

1. 整理的定义

区分必需品与非必需品，现场只保留必需品。

2. 整理的目的

（1）增加作业面积。

（2）现场无杂物，通道通畅，提高工作效率。

（3）减少磕碰的机会，保障安全，提高质量。

（4）消除混放、混料等差错。

（5）减少库存量，节约资金。

（6）改变作风，提高工作积极性。

3. 整理的意义

把需要与不需要的人、事、物分开，再对不需要的人、事、物加以处理，对工作现场的各种物品进行分类，区分什么是现场需要的，什么是现场不需要的，达到现场无不用之物。

4. 整理的要点

（1）全面检查工作场所。

（2）制定"需要"和"不需要"的判别标准。

（3）将不需要的物品清除出工作场所。

（4）对于需要的物品，调查使用频率，确定每日用量及摆放位置。

（5）制定废弃物处理方法。

（6）每日自我检查。

图 6-9 为现场整理。

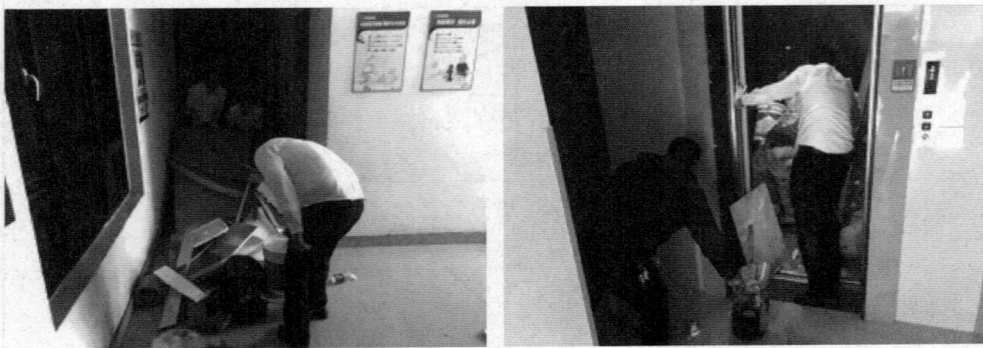

图 6-9　现场整理

（二）整顿

1. 整顿的定义

必需品依规定位置、方法摆放整齐，明确标示。

2. 整顿的目的

不浪费时间寻找物品，在 30 秒内就可以找到要找的东西，提高工作效率。

3. 整顿的意义

将需要的人、事、物定量、定位，对现场留下的需要的物品进行科学合理的布置和摆放，达到以最快的速度取得所需之物，在最有效的规章、制度和最简捷的流程下完成作业。

4. 整顿的要点

（1）物品摆放在固定的地点，以便寻找，消除混放造成的差错。

（2）物品摆放地点要科学合理。例如，根据物品使用的频率，经常使用的物品应放得近些（如放在作业区内），偶尔使用或不常使用的物品则应放得远些（如集中放在某处）。

（3）物品摆放一目了然，定量装载的物品应实现过目知数，采用不同的色彩和标记对摆放不同物品的区域加以区别。

图 6-10 为有序存放的保洁工具。

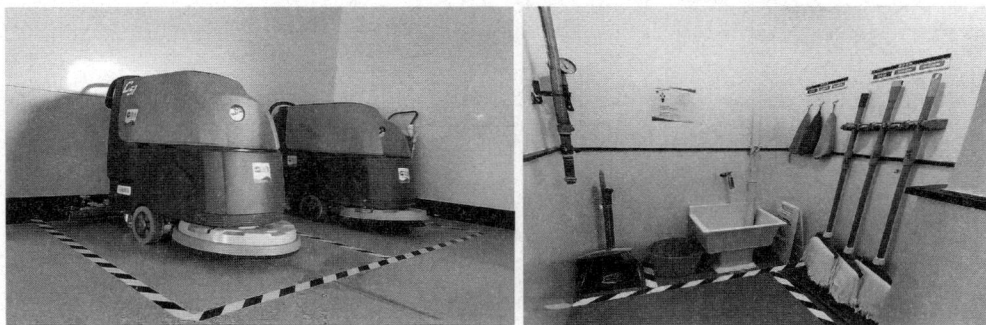

图 6-10 有序存放的保洁工具

（三）清扫

1. 清扫的定义

清除现场的脏污，清除作业区域内的垃圾。

2. 清扫的目的

清除脏污，保持现场干净、明亮。

3. 清扫的意义

去除作业区域内的污垢，使异常之源很容易被发现。

4. 清扫的要点

（1）自己使用的物品，如清洁设备、清洁药剂等要保管得当，若检查出保洁工作有问题，则及时改正、补救。员工协调一致，既独立作业，又相互协作。

（2）面对清扫面积比较大的情况，在权衡投入与产出的基础上，引入先进的清扫设备，代替或减少人力。

（3）清扫地面时发现不明垃圾，要查明原因，并采取措施加以改进。

（4）在清运垃圾的过程中要注意程序，统一堆放，归类回收，明确交接责任。

（四）清洁

1. 清洁的定义

将整理、整顿、清扫过程中采用的做法制度化、规范化，维持其成果。

2. 清洁的目的

认真维护整理、整顿、清扫的效果，使工作区域保持最佳状态。

3. 清洁的意义

通过维护整理、整顿、清扫的效果消除安全隐患。创造一个良好的工作环境，使员工能愉快地工作。

4. 清洁的要点

（1）环境不仅要整齐，而且要清洁卫生，保障员工身体健康，激发员工的工作热情。

（2）不仅物品要保持清洁，员工本身也要保持清洁，如工作服要清洁，仪表要整洁，及时理发、刮须、修剪指甲、洗澡等。

（3）员工不仅要做到形体上的清洁，而且要做到精神上的"清洁"，待人要讲礼貌、要尊重别人。

（4）进一步净化空气，尽可能消除粉尘、噪声和其他污染源，消灭职业病。

（五）素养

1. 素养的定义

人人按章操作、依规行事，养成良好的习惯，使每个人都成为有教养的人。

2. 素养的目的

提升"人的品质",培养对任何工作都认真的人。

3. 素养的意义

努力提高人员的修养,使员工养成严格遵守规章制度的习惯和作风,这是 5S 管理的核心。

4. 素养的要点

(1)致力于培养员工的专业素质及全员参与意识。

(2)致力于塑造符合现代文明的理想环境。

(3)在人才引进方面,大力举用有德有才者,有德无才者培养再用,有才无德者谨慎录用,无德无才者坚决不用。

(4)经常开展不良情绪扫除工作,尽量避免不良情绪给工作带来负面作用。

细节32:进行保洁质量检查

检查是控制保洁质量的有效方法,被大多数物业管理企业所采用。

(一)制定质量检查标准

要对保洁质量进行检查,必须有可参照的标准。

物业管理企业在制定保洁质量标准时可参照保洁通用标准——"五无",具体如图 6-11 所示。

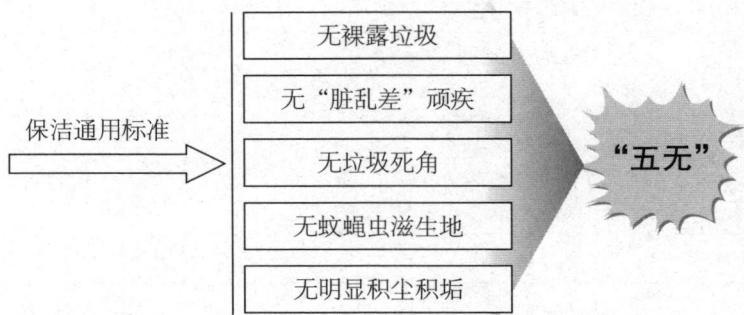

图 6-11 保洁通用标准——"五无"

为使保洁服务令人满意,标准必须具体、可操作,最好将检验方法和清洁频率等都确定下来。质量标准应该公布出来,并注明保洁员的姓名,让业主(用户)监督,以增强保洁员的责任心。

下面提供一份物业管理企业小区保洁质量标准范本,仅供参考。

范本

某物业管理企业小区保洁质量标准

分类	项目	标准	检验方法	工作频率
室外组	路面、绿地、散水坡	无瓜果皮壳、纸屑等杂物,无积水、污渍;每 10 平方米内的烟头及相应大小的杂物不超过一个	沿路线全面检查	每天彻底清扫 2 次,每半小时循环 1 次,每月用水冲刷 1 次
	果皮箱	内部垃圾及时清理,外表无污迹、黏附物	全面检查	每天清倒 2 次,每天刷洗 1 次,每周用洗洁精刷洗 1 次
	垃圾屋	地面无散落垃圾、污水,无明显污迹	全面检查	每天清倒、冲刷 2 次,每周用清洁剂刷洗 1 次
	垃圾中转站	地面无散落垃圾、污水,墙面无黏附物、明显污迹	全面检查	每天清理、刷洗 2 次
	标识牌、雕塑	无乱张贴的物品,表面无明显灰尘、污迹	全面检查	每天清抹 1 次
	沉沙井	底部无垃圾、积水、积沙,盖板无污迹	抽查 3 个井	每天清理 1 次
	雨、污水井,污水管	井内壁无黏附物,井底无沉淀物,水流畅通,井盖上无污迹	抽查 5 个井	雨、污水井每年清理 1 次,污水管每半年疏通 1 次
	化粪池	不外溢污水	全面检查	每半年吸粪 1 次
地下室组	车库地面	无垃圾、杂物、积水、泥沙	抽查 5 处	每天清扫 2 次,每 2 小时循环 1 次,每月用水冲刷 1 次
	车库墙面	无污迹、明显灰尘	抽查 5 处	每月清扫 1 次

（续表）

分类	项目	标准	检验方法	工作频率
地下室组	地下车库的标识牌、消火栓、公用门等设施	无污迹、明显灰尘	抽查 5 处	每月用洗洁精清抹 1 次，灯具每两月擦 1 次
	车库和天台管线	无积尘、污迹	抽查 5 处	每两月用扫把清扫 1 次
室内组	雨篷	无垃圾、青苔、积水	全面检查	每周清理 1 次
	天台、转换层	无垃圾、积水、污迹，明沟畅通	抽查 5 处	每天清理 1 次
	大理石地面、地毯	无杂物、泥沙、污渍，大理石地面打蜡抛光后有光泽，地毯无明显灰尘、污渍	抽查 5 处	每天清扫 1 次；大理石地面每两月打蜡 1 次，每周抛光 1 次；地毯每周吸尘 1 次，每季度清洗 1 次
	大理石、瓷片、乳胶漆、喷涂墙面	大理石、瓷片、喷涂墙面无明显灰尘，乳胶漆墙面无污迹、明显灰尘	抽查 7 层，每层抽查 3 处	大理石墙面每半年打蜡 1 次，每月抛光 1 次；乳胶漆墙面每月扫尘 1 次；喷涂墙面、瓷片墙面每月擦洗 1 次
	天花板、天棚	无蜘蛛网、明显灰尘	抽查 7 层，每层抽查 3 处	每月扫尘 1 次
	灯罩、烟感报警器、吹风口、指示灯	无明显灰尘、污渍	抽查 7 层，每层抽查 3 处	每月清抹 1 次
	玻璃门窗	无污迹、明显灰尘	抽查 7 层，每层抽查 3 处	玻璃门每周清刮 1 次，玻璃窗每月清刮 1 次
室内组	公用卫生间	地面无积水、污渍、杂物；墙面瓷片、门、窗，用纸巾擦拭无明显灰尘；坐便器无污渍；天花板、灯具目视无明显灰尘；玻璃、镜面无灰尘、污迹	全面检查	每天清理 2 次，每 2 小时保洁 1 次
	消火栓、标识牌、扶手、栏杆	目视无明显污迹，用纸巾擦拭无明显灰尘	抽查 7 层，每层抽查 3 处	每天清抹 1 次

（二）质量检查四级制

质量检查四级制如图 6-12 所示。

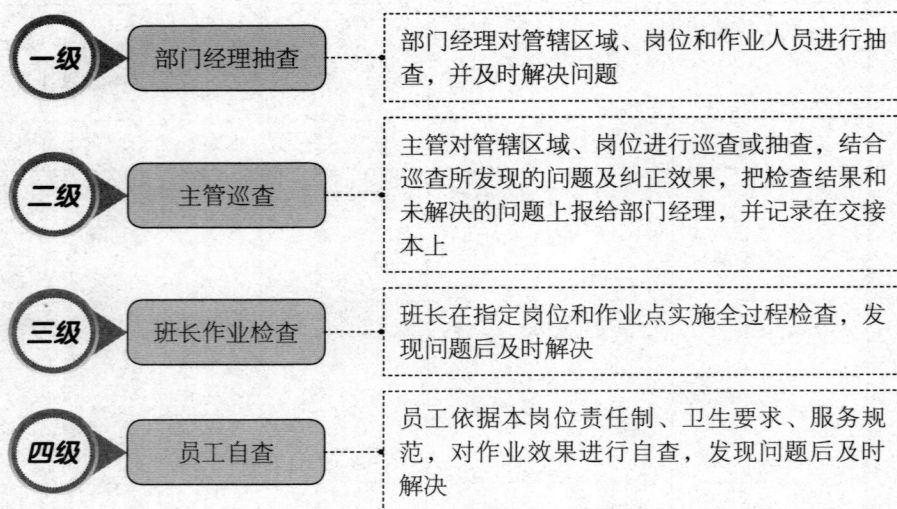

一级	部门经理抽查	部门经理对管辖区域、岗位和作业人员进行抽查，并及时解决问题
二级	主管巡查	主管对管辖区域、岗位进行巡查或抽查，结合巡查所发现的问题及纠正效果，把检查结果和未解决的问题上报给部门经理，并记录在交接本上
三级	班长作业检查	班长在指定岗位和作业点实施全过程检查，发现问题后及时解决
四级	员工自查	员工依据本岗位责任制、卫生要求、服务规范，对作业效果进行自查，发现问题后及时解决

图 6-12　质量检查四级制

（三）质量检查的要求

质量检查的要求如图 6-13 所示。

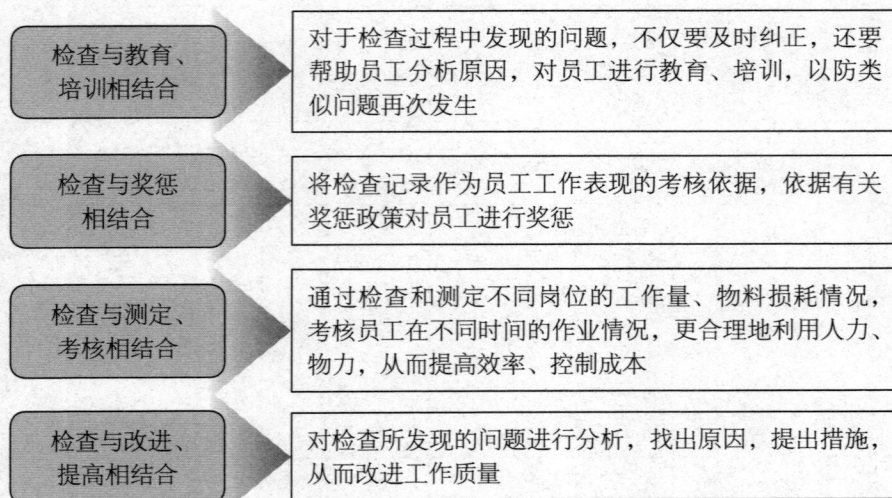

检查与教育、培训相结合	对于检查过程中发现的问题，不仅要及时纠正，还要帮助员工分析原因，对员工进行教育、培训，以防类似问题再次发生
检查与奖惩相结合	将检查记录作为员工工作表现的考核依据，依据有关奖惩政策对员工进行奖惩
检查与测定、考核相结合	通过检查和测定不同岗位的工作量、物料损耗情况，考核员工在不同时间的作业情况，更合理地利用人力、物力，从而提高效率、控制成本
检查与改进、提高相结合	对检查所发现的问题进行分析，找出原因，提出措施，从而改进工作质量

图 6-13　质量检查的要求

经典案例

垃圾满地遭投诉

【案例背景】

　　某日上午9∶10左右，一位业主很生气地打来电话投诉，说楼梯口满地都是垃圾，要求管理处立即派清洁人员过去处理。接到投诉后，管理处立即通知保洁部主管前往处理，保洁部主管赶到现场后指示先清理垃圾。调查后发现，装修单位在搬运装修物品时未清理垃圾，而且以为装修垃圾由管理处负责清理，导致垃圾无人清理。保洁部主管当面向该业主赔礼道歉，并承诺不会再出现类似情况。

【案例分析】

　　本案例表明该物业管理企业在装修垃圾管理方面存在漏洞。物业管理企业应加强宣传，告知广大业主不可占用公共走道；同时要加强对装修户的管理。保安人员也要加强巡查，发现类似行为后要及时纠正或上报。

细节33：防范保洁安全事故

（一）引发保洁安全事故的因素

引发保洁安全事故的因素主要有人为因素和客观因素。

1.人为因素

在保洁工作中发生的许多事故是由人为因素造成的，主要表现在保洁员违章操作和违反劳动纪律两个方面。

（1）违章操作

违章操作的主要表现如图6-14所示。

表现一	不按规定穿戴和使用劳动防护用品。在作业过程中，赤脚或穿拖鞋、凉鞋，进行高空洗墙作业时不系保险带，消毒时不戴口罩和手套等
表现二	不按操作规程、工艺要求操作设备。例如，擅自在吸尘器、洗地机等机器运转时加油、检查、调整和排除故障等
表现三	不执行规定的安全防范措施，对违章指挥盲目服从，如带电操作，不设安全防护栏等；超负荷加班加点，疲劳工作
表现四	擅自动用未经检查、验收、移交或已查封的设备，以及未经领导批准随意动用非本人操作的设备
表现五	对易燃、易爆、剧毒物品，不按规定进行储运、收发和处理
表现六	发现设备或安全防护装置缺损、失灵，不向安全管理人员和领导反映，继续冒险操作；自作主张将安全防护装置弃之不用，甚至随意拆除

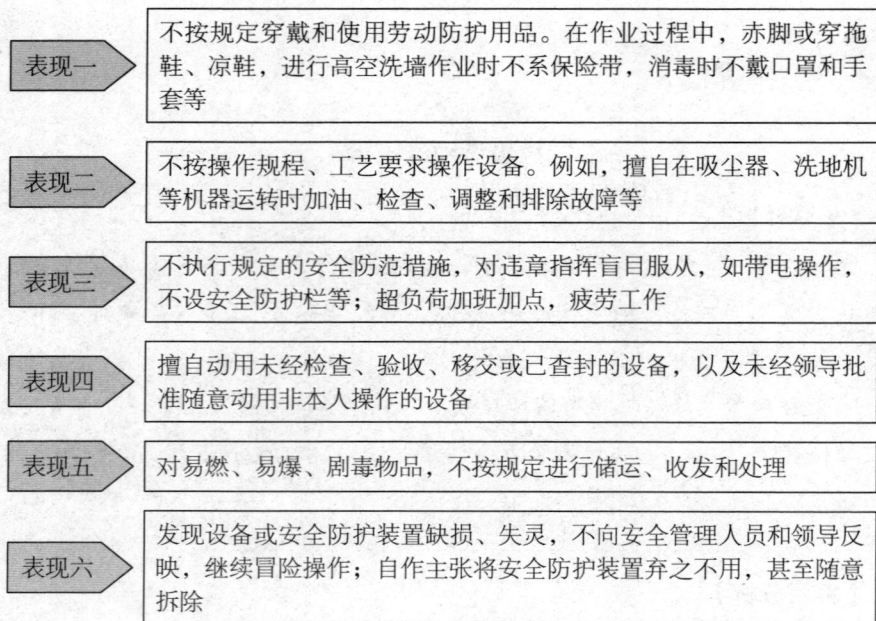

图 6-14　违章操作的主要表现

（2）违反劳动纪律

不遵守规章制度的行为，就是违反劳动纪律，其表现如图 6-15 所示。

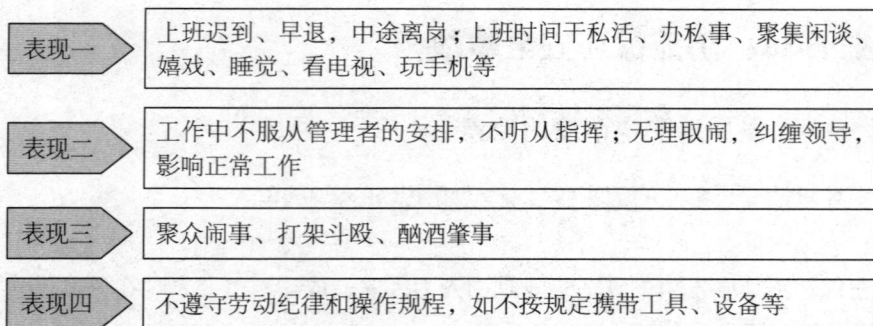

表现一	上班迟到、早退，中途离岗；上班时间干私活、办私事、聚集闲谈、嬉戏、睡觉、看电视、玩手机等
表现二	工作中不服从管理者的安排，不听从指挥；无理取闹，纠缠领导，影响正常工作
表现三	聚众闹事、打架斗殴、酗酒肇事
表现四	不遵守劳动纪律和操作规程，如不按规定携带工具、设备等

图 6-15　违反劳动纪律的表现

2. 客观因素

引发保洁安全事故的因素，除了人为因素，还有一些客观因素，具体如表 6-3 所示。

表 6-3　引发保洁安全事故的客观因素

类别	具体内容
设备本身存在缺陷	（1）设备功能有缺陷，机械装置、用具配置有缺陷 （2）设备超负荷运转 （3）设备有故障但未及时修复
防护设施、安全装置缺陷	（1）设备未接地或绝缘不良 （2）实施高空作业时，安全绳、吊板等有破损
工作场所存在缺陷	（1）没有安全通道，工作场所间距太小，不符合安全管理要求 （2）物件堆置方式或位置不当 （3）乱接电线，将生活用品堆放在工作场所内 （4）乱丢垃圾
作业环境、防护用品、用具存在缺陷	（1）作业环境交通不畅，灯光太暗或太亮，通风换气差、噪声大 （2）缺失必备的劳动防护、消防、急救用品、用具 （3）缺失作业用品、用具的具体使用和操作说明

（二）保洁安全事故的预防措施

针对上述引发保洁安全事故的因素，物业管理企业可以采取图 6-16 所示的预防措施。

图 6-16　保洁安全事故的预防措施

1. 加强技能培训

要贯彻操作规程和质量标准，就要提高保洁员工的素质，而提高人员素质的重要途径之一就是培训。

培训的目的是让保洁员工具备工作所需的知识和技能及服务意识，能正确执行各项质量管理措施、安全管理措施。

保洁员工培训包括入职培训、清洁专业知识培训、物业管理专业知识培训、服务意识培训及质量标准培训等。

不同的物业管理企业因清洁面积、管理运作模式及环境质量要求不同，对保洁员工培训的要求和重点也有所不同。例如，在完全自主管理模式下，培训重点除了入职培训，还包括日常清洁技术和质量标准培训，以及员工服务意识培训、操作安全培训等；而在外包模式下，除了入职培训，培训重点还包括管理质量标准、质量监控方法等。

2. 做好安全防护

预防安全事故，不仅要从学习知识和技能着手，还应采取具体的措施。表 6-4 为常见的安全防护措施。

表 6-4　常见的安全防护措施

安全防护措施	具体说明
安全使用化学品	尽量使用低毒或无毒清洁剂。所有盛装化学品的容器都应贴上标签，并说明危害性和防护方法
正确选用工具	（1）选用较轻便的工具，如果工具或工具连同承载物较重，应能让操作人员同时使用两手操作 （2）工具和手部接触处没有尖锐或突出的部分，接触处不能太光滑，以免工具滑脱
使用劳动防护用品	保洁员工经常接触化学清洁剂及垃圾等，因此应穿戴合适的劳动防护用品，如手套、安全工作胶鞋、防尘口罩等

3. 谨记安全须知

（1）牢固树立"安全第一"的思想，确保安全操作。

（2）如需推车，要用双手推动以保证安全。

（3）如需从高处取物品，要用阶梯。

（4）工作区域的地面如有水渍或油污，应立即抹去，以防滑倒。

（5）在使用机器时，禁止用湿手接触开关，以免触电。

（6）尽量将笨重物品放置在较低的位置，以便取用。

（7）工作车上的物品不得阻碍推车人视线。

（8）如鞋子较滑，必须更换。

（9）不得将未熄灭的烟蒂弃于垃圾桶内。

（10）不可将手直接伸进垃圾桶或垃圾内，以防碎玻璃、刀片刺伤手部。

（11）穿着合适的工作服上岗，以便工作。

（12）清理碎玻璃或碎瓷片时要用笤帚、垃圾铲，切勿直接用手。

（13）高空抹尘、地面打蜡、擦拭地面时须放置温馨提示牌。

（14）若公共区域内灯光不足，须立即向相关人员汇报。

（15）不要使用不稳的桌椅，要尽快维修。

（16）在玻璃饰品集中的区域设立温馨提示牌，以防他人不慎撞伤。

（17）在公共区域放置工作车或洗地机、吸尘器等清洁工具及设备时应尽量置于路旁，并注意电源线的位置，以防绊倒他人。

（18）用机器清洗地面或地毯时，要留意是否弄湿插头、电线，小心触电。

（19）保洁员工用升降平台进行高空擦拭时，必须系好安全带，升降平台的支脚放平锁定后方可作业。

（20）使用有毒药水时，必须严格按照有毒物品管理和使用制度操作。

（21）使用清洁设备前检查线路是否破损。如破损，应及时通知相关人员检修，维修完成后方可使用。

（22）不得私自开动不会使用的机器，以免发生意外事故。

（23）在公共场所或隐蔽部位发现可疑包裹时，不要私自打开包裹或移动包裹，应立即向保洁负责人及相关部门报告。

（24）清洁功能房时须断电、穿绝缘鞋、戴绝缘手套，用干毛巾清洁。

4.遵守安全操作规程

安全操作规程是员工在日常工作中必须遵照执行的、用来保证安全的规定程序。忽视安全操作规程，就有可能引发各类安全事故，给企业和员工带来经济损失和人身伤害，严重的会危及生命安全，造成无法弥补的遗憾。因此，物业管理企业应制定相应的操作规程，要求保洁员工严格遵守，以确保安全作业。

（三）保洁安全事故的应急处理

保洁安全事故的应急处理措施如表 6-5 所示。

表 6-5 保洁安全事故的应急处理措施

事故类型	应急处理措施
意外受伤	若保洁员工在工作中意外受伤，则要进行现场救治；若伤势严重，应立即呼叫救护车将伤者送往医院救治。在救护车到达前，要对伤者进行正确处理，以减轻伤者的痛苦、减小抢救的困难、增加伤者复原的机会、降低伤残的概率
突然晕倒	保洁员工在烈日下工作时突然晕倒，正确的处理方法是将其移至阴凉通风的地方，使其可以吸到充足的氧气。由有经验的人员照顾晕倒的人员，疏散围观的人群，直至救护车到达

（续表）

事故类型	应急处理措施
沙粒或其他异物入眼	不能用手、纸巾或毛巾擦拭，以免擦伤眼角膜而引起角膜炎。正确的处理方法是用清水冲洗或及时送往医院治疗
化学品入眼	立即用清水不停地冲洗，直至恢复正常。情形严重的，应立即就医
化学品沾染眼睛以外的部位	立即用大量清水冲洗。情形严重的，应立即就医
高空作业坠落	当从高处坠下者倒卧在地上时，在未了解清楚其受伤情况时，不应立即搀扶。如果伤者还清醒，应该不断地与伤者对话，尽量使伤者不昏迷；不要翻动伤者，但若伤者出血，应及时压迫止血，注意伤者的呼吸，等候救护车到达，然后配合医务人员做好伤者的救护工作
跌断肢骨、断骨刺穿皮肉	首先用硬木板托住断肢，用现场可以找到的干净布料包扎止血，尽量不要移动断骨，然后立即送往医院救治
铁钉或铁杆插入身体	不要把铁杆或铁钉从伤者体内拔出，应维持原状，将伤者直接送往医院，由医生妥善处理。铁杆或铁钉有可能插入血管，如把铁杆或铁钉拔出，可能导致伤者大出血，如果伤及动脉血管，就会有生命危险。在搬动伤者时，要确保铁杆或铁钉不移动
意外触电	立即切断电源，若一时找不到电源开关，应使用干燥的竹、木、胶棍等绝缘体将电线拨开或将触电者推离电源，然后立即拨打 120 急救电话，并为触电者进行人工呼吸和胸外心脏按压

环节 7　物业维护服务

　　设施设备维护服务是物业服务工作的重要内容。物业管理企业应运用先进的技术手段和科学的管理方法，妥善管理不同房屋共用部分及公用设施设备的使用、维护、保养、维修，提高其完好率。

　　业主专有设施设备维护服务流程如图 7-1 所示。

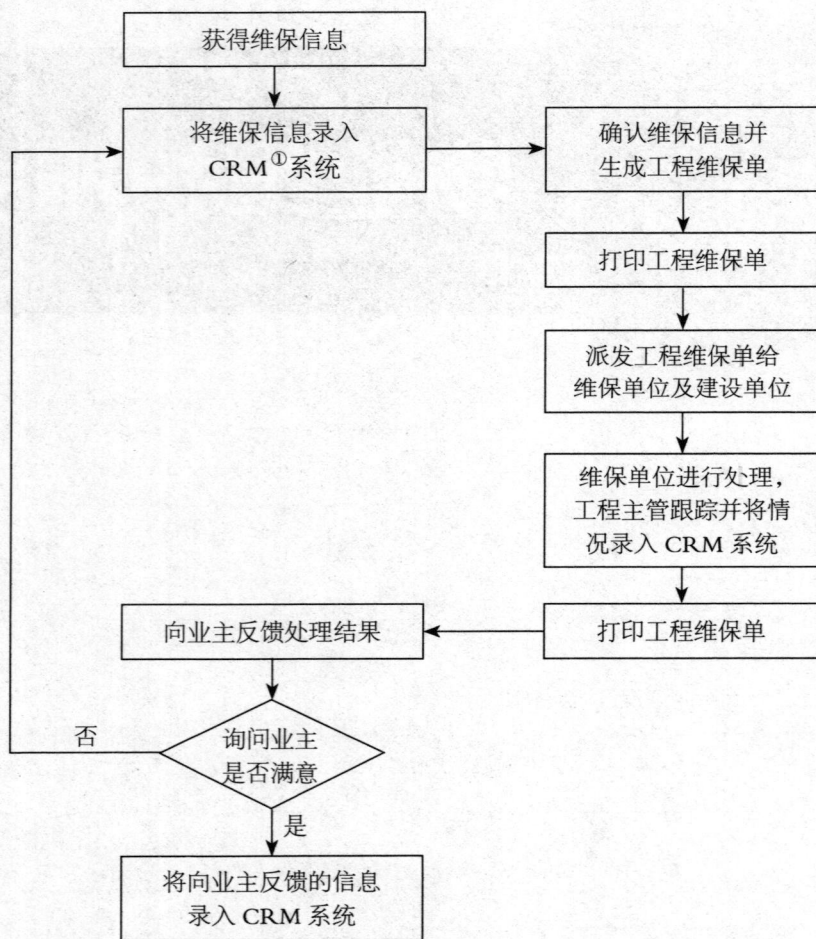

图 7-1　业主专有设施设备维护服务流程

────────────

① CRM 是 Customer Relationship Management 的缩写词，意为客户关系管理。

公用设施设备维护服务流程如图 7-2 所示。

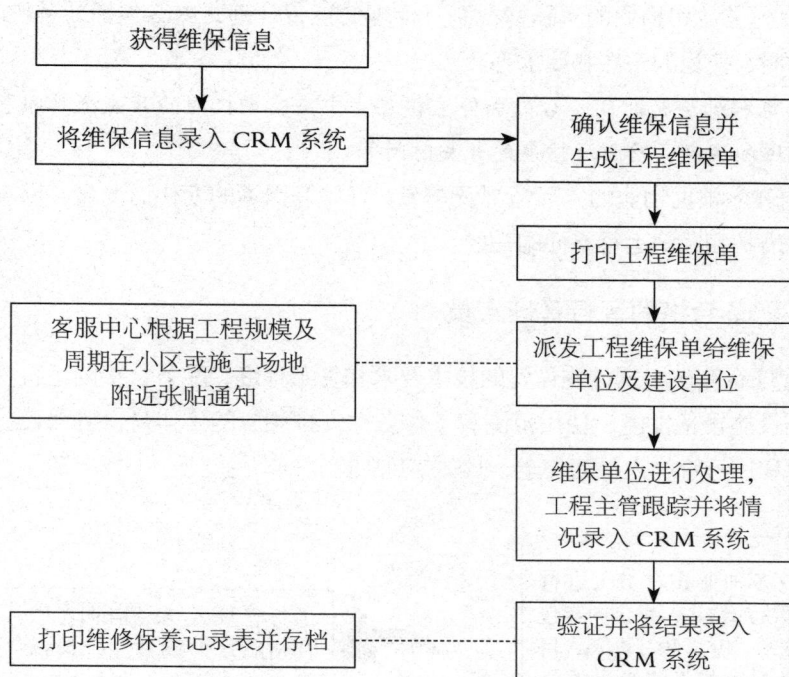

图 7-2　公用设施设备维护服务流程

细节34：设施设备的运行管理

设施设备运行不好，不仅会直接影响业主的生活质量和生活秩序，而且会严重影响物业管理企业的声誉。因此，物业管理企业必须做好设施设备的运行管理，具体措施如图 7-3 所示。

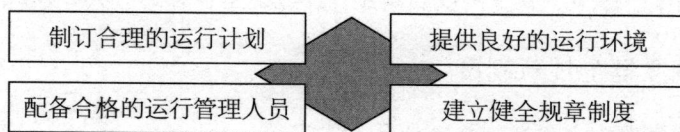

图 7-3　设施设备运行管理的具体措施

（一）制订合理的运行计划

根据设施设备和物业的实际情况制订合理的运行计划，内容包括开关机时间、维护保养时间、使用的条件和要求等。

比如，电梯的运行时间、台数和停靠楼层，中央空调机组的开关机时间和制冷量、供应范围和温度，路灯或喷泉的开关时间等。

这些内容应根据物业的实际情况及季节、环境等因素的变化而变化，以满足安全、使用、维护和经济运行方面的需要。

（二）配备合格的运行管理人员

物业管理企业应根据设施设备的技术要求和复杂程度，配备合格的运行管理人员，并根据设施设备性能、使用范围和工作条件安排相应的工作量，确保设施设备的正常运行和运行管理人员的安全，具体措施如图7-4所示。

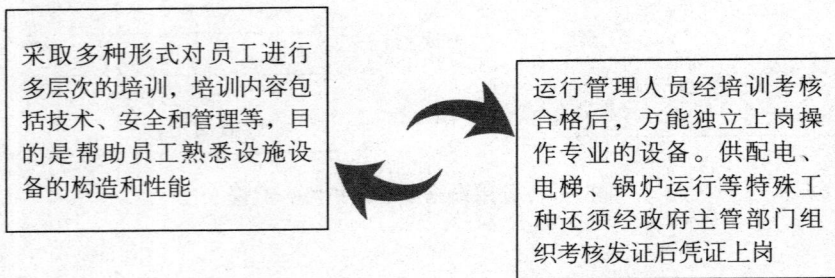

采取多种形式对员工进行多层次的培训，培训内容包括技术、安全和管理等，目的是帮助员工熟悉设施设备的构造和性能

运行管理人员经培训考核合格后，方能独立上岗操作专业的设备。供配电、电梯、锅炉运行等特殊工种还须经政府主管部门组织考核发证后凭证上岗

图7-4　配备合格的运行管理人员的具体措施

（三）提供良好的运行环境

工作运行环境不仅影响设施设备的正常运转、故障率、使用寿命，而且对操作者的情绪也有重大影响。物业管理企业应安装必要的防腐蚀、防潮、防尘、防震装置，配备必要的测量、保险、安全用仪器装置，还应装备良好的灯具和通风设备等。

（四）建立健全规章制度

健全的规章制度应包括图7-5所示的内容。

内容一	实行定人、定机和凭证操作设施设备制度，不允许无证人员单独操作设施设备；对于多人操作的设施设备，应指定专人负责
内容二	对连续运行的设施设备，可在运行中实行交接班制度和值班巡视记录制度
内容三	操作人员必须遵守设施设备的操作和运行规程

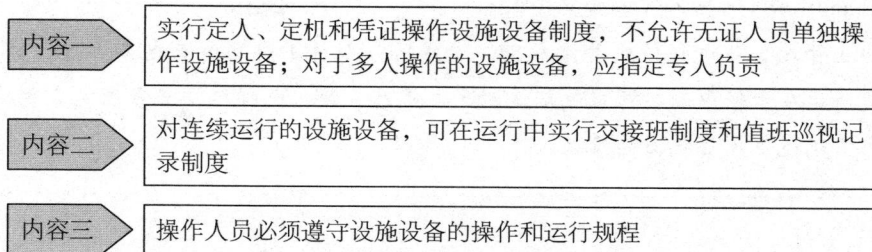

图 7-5　健全的规章制度应包括的内容

经典案例

老人猝死，家属将物业管理企业和急救中心告上法庭

【案例背景】

业主李某的家属认为物业管理企业及急救医生行为有过错，致使家人错过抢救时间，最终死亡，故将物业管理企业、急救医生所在的急救中心一并告上法庭。

某年 3 月 15 日 1 点 30 分，李女士（有心脏病史）在儿子家发生呼吸困难、昏迷等现象，其儿子于 15 日 1 点 35 分向急救中心呼救，急救中心立即派车前往李女士住地。1 点 50 分，急救中心医务人员赶到现场，但由物业管理企业管理的电梯尚未运行，医务人员得知几分钟后电梯可运行。待电梯运行后，医务人员乘电梯到位于 14 层的李女士儿子的家中，为其进行心电图检查。2 点 16 分，心电图显示心室停搏，李女王死亡。

4 月，李女士的家属起诉至一审法院称，3 月 15 日 1 点 30 分至 35 分，李女士呼吸困难，家属立即联系急救中心，之后立即下楼联系物业管理企业开电梯，但被告知管钥匙的人不在。此后，救护车赶到，家属再次联系物业管理企业，被告知电梯班长已回家，大家只好等。在此期间，家属曾要求急救人员步行上楼，但被拒绝。待医务人员乘电梯上楼后，李女士已死亡。事后，李女士的家属将急救中心和物业管理企业告上法庭。

【案例分析】

在本案例中，尽管没有证据能证明电梯延误是李女士死亡的直接原因，但是物业管理企业电梯值班员未在岗，造成医务人员不能及时乘电梯上楼，物业管理企业在管理中确实存在瑕疵。对高层楼房来说，电梯维护与管理尤其重要，不应出现值班人员脱岗的情况。

细节35：设备的维护保养

设备在长期的使用过程中，部件磨损、间隙增大、配合改变，会直接影响设备原有的平衡性、稳定性、可靠性，使用效益也会降低，甚至会导致设备丧失基本性能，无法正常运行，这无疑会增加成本。为此，物业管理企业必须建立科学的、有效的设备管理机制，加大设备日常管理力度，科学合理地制订设备的维护保养计划。

（一）维护保养的方式

维护保养的方式主要有清洁、紧固、润滑、调整、防腐、防冻及外观检查等。对于长期运行的设备，要巡视检查（见图7-6）、定期切换、轮流使用，进行强制保养。

图 7-6　工程人员巡视检查设备

（二）维护保养的实施

维护保养的重点是日常维护保养和定期维护保养，其实施要领如表 7-1 所示。

表 7-1　维护保养的实施要领

类别	管理要求	实施要领
日常维护保养	长期坚持，制度化	操作人员在班前对设备进行外观检查；在班中按操作规程操作设备，定时巡视并记录设备运行参数，随时注意有无震动、异声、异味、超载等现象；在班后做好设备清洁工作
定期维护保养	根据设备的用途、结构复杂程度、维护工作量及维护人员的技术水平等，决定维护的间隔时间和维护停机的时间	需要对设备进行部分解体，因此要做好以下工作： （1）对设备进行内、外清扫 （2）检查运动部件的转动是否灵活，磨损情况是否严重，适当调整其间隙 （3）检查安全装置 （4）检查润滑系统油路和过滤器有无堵塞 （5）检查油位指示器，清洗油箱，换油 （6）检查电气线路和自动控制元器件是否正常等

（三）设备点检

设备点检既可以按生产厂商指定的点检内容和点检方式进行，也可根据经验自行补充点检点，既可以停机检查，也可以随机检查。检查时，既可以利用摸、听、看、嗅等方式，也可以利用仪器仪表进行精确诊断。

设备点检的方法主要有日常点检和计划点检两种，具体如表 7-2 所示。

表 7-2　设备点检的方法

方法	执行人员	点检内容
日常点检	操作人员	（1）设备运行状况及参数 （2）安全保护装置 （3）易磨损的零部件，易污染、堵塞和需经常清洗更换的部件 （4）运行中经常调整的部位 （5）运行中经常出现不正常现象的部位
计划点检	以专业维修人员为主，操作人员协助	（1）确定设备的磨损情况及其他异常情况 （2）确定修理的部位、部件及修理时间 （3）确定需更换的零部件 （4）制订检修计划等

细节36：设备的计划检修

计划检修是指根据运行规律及点检结果确定正在使用的设备的检修周期，以检修周期为基础编制检修计划，对设备进行的预防性修理。

计划检修一般分为小修、中修、大修和系统大修四种，具体如表7-3所示。

表7-3　计划检修的种类

计划检修的种类	说明	备注
小修	清洗、更换和修复少量易损件，并做适当的调整、紧固和润滑工作	一般由维修人员负责，操作人员协助
中修	在小修的基础上，对设备的主要零部件进行局部修复和更换	主要由专业检修人员负责，操作人员协助
大修	对设备进行局部或全部拆解，修复或更换磨损或腐蚀零部件，尽量使设备恢复到原来的技术标准，同时可对设备进行技术改造	
系统大修	对一个系统或几个系统甚至整个物业设备系统做停机大检修，通常将所有设备和相应的管道、阀门、电气系统及控制系统的检修都安排在系统大修中	所有相关的技术管理人员、检修人员和操作人员都要按时参加，积极配合

经典案例

电梯困人约 4 小时，物业管理企业被罚 5 万元

【案例背景】

20××年11月17日下午2时25分，某小区A栋18楼业主姜某乘电梯回家，电梯行至4楼时，突然发生故障。电梯轿厢内无手机信号，姜某无法与外界联系，随即持续按轿厢内的报警装置和呼叫装置，却未得到任何回应。之后，一位保洁员发现电梯有响动，便向管理处报告，管理处随即通知保安队长唐某前去查看。唐某来到困人电梯一层门口后，随便检查了一下便认为电梯处于正常工作状态，未进一步核实便离开。直至下午6时20分，姜某妻子下班回家，发现丈夫被困电梯内，便立即通知管理处，被困约4个小时的姜某才被解救出来。

××市质量技术监督局知悉相关情况后开展调查，调查结果为：困人电梯系 A 电梯有限公司制造的合格产品，由 B 电梯有限公司安装，于 2022 年 4 月经省特种设备检验所验收检验合格，并于当年 5 月 18 日办理了使用登记手续。B 电梯有限公司承担安装后第 1 年内的维护保养工作。电梯安装后，由 C 物业管理企业负责管理。该电梯轿厢内的通话装置，在安装验收检验合格半个月后，被 B 电梯有限公司拆除。

质监局对擅自将电梯轿厢内的通话装置拆除，致使电梯内被困人员无法与外界联系，违反相关规定的 B 电梯有限公司处罚 10 万元；对未制定事故应急专项预案，未对电梯异常情况进行全面检查，事故发生后未按规定向相关部门报告的 C 物业管理企业处罚 5 万元。

【案例分析】

物业管理企业应落实安全主体责任，建立健全特种设备安全责任制和各项安全规章制度，制定特种设备事故专项应急预案，定期进行应急演练并落实到位，同时要与电信运营商协调联系，使手机信号覆盖电梯轿厢，确保通信正常。

细节37：房屋的零星养护

房屋的零星养护是指结合实际情况确定的或突然损坏引起的小修。

1. 房屋零星养护的内容

房屋零星养护的内容如图 7-7 所示。

1 屋面筑漏（补漏）、修补屋面、修补泛水、修补屋脊等

2 钢、木门窗整修，拆换五金，配玻璃，换窗纱，重新刷漆等

3 修补楼地面面层，抽换个别楞木等

4 修补内外墙、窗台、腰线等

5 拆砌挖补局部墙体、个别拱圈，拆换个别过梁等

图 7-7　房屋零星养护的内容

6	抽换个别檩条，接换个别木梁、屋架、木柱，修补木楼等
7	排除供水、供电、供暖等设备故障及修换零部件等
8	疏通下水管道，修补明沟、散水、落水管等
9	临时加固、维修房屋检查中发现的危险构件等

图 7-7　房屋零星养护的内容（续）

2. 房屋日常零星养护的特点

房屋日常零星养护的特点是修理范围广、项目零星分散、时间紧、频率高。图 7-8 为房屋日常零星养护。

图 7-8　房屋日常零星养护

> **小提示**
>
> 房屋零星养护应力争做到"水电急修不过夜，小修项目不过三（3天），一般项目不过五（5天）"。

细节38：房屋的计划养护

房屋的各种构件和部件均有一定的使用年限，超过这一年限后，就会开始出现问题。因此要管好房子，就应该制定科学的大、中、小修三级修缮制度，以保证房屋的正常使用，延长其整体的使用寿命。这就是房屋的计划养护。

比如，纱窗每3年左右就应该刷一遍铅油保养；门窗、壁橱、墙壁上的油漆、油饰层一般5年左右应重刷一遍油漆；外墙每10年应彻底检修一次；每年检查电线老化和负荷情况，必要时可局部或全部更换等。

表7-4为建筑设施的保养周期。

表 7-4　建筑设施的保养周期

建筑设施名称	保养周期	备注
屋顶	每2年	及时更换破碎的隔热层面砖
外墙饰面	每3年	每年清洗重点部位
内墙饰面	每3年	裂缝较大的要及时更换，脱落的要及时修补
楼梯间	每3年	及时修补损坏的粉刷墙面
门	每1年	及时修理生锈或掉漆的门
防盗网、花园围栏	每2～4年	根据损坏情况确定刷漆时间
窗	每1年	损坏的要及时修理
公共地砖	每3年	损坏或裂缝严重的要更换
吊顶	每3年	破损的要及时更换
人行道、车行道	每1年	损坏的要及时修补
管道	每3年	必要时可增加刷漆次数
污水井	每1年	定期清理疏通
遮雨篷	每1年	在大雨或台风来临前应增加保养次数
玻璃幕墙（玻璃门）	每1年	

经典案例

排污管道返水导致业主家受损

【案例背景】

某年8月5日，某小区15栋302房业主给管理处打来了电话，说厨房和洗手间的地漏返水，污水已淹没客厅的部分木地板，要求即刻处理。

5分钟后，维修工带着工具赶到现场，但这时污水已经退去。随后，清洁工赶来，按照业主的要求迅速将厨房内物品搬出并做了保洁。然后，主管及时安排有关职员更换木地板和其他损坏物品，同时协调责任方与业主就赔偿问题达成共识。业主对处理方案表示满意。

为了彻底解决问题，消除隐患，管理处决定查个清楚。经过认真的检查和分析，最后认定原因是该楼刚刚入伙，污水管内残留着建筑垃圾，排水量少时污水可以排出去，但在用水高峰期排水不畅，导致返水。

发现问题后，他们马上协调和督促有关方面对小区的所有排污管道进行了一次全面检查，对排污不畅的管道进行了疏通，从管道中清除了不少建筑垃圾，彻底消除了排污管道返水的隐患。

【案例分析】

该物业管理企业的员工可谓训练有素，相关人员迅速到位，使问题得以顺利解决。而且，该物业管理企业能做到由点及面，找出问题的根源，从而彻底消除隐患，这也有利于将来工作的开展。

环节 8　物业费用收缴服务

物业管理费是物业管理企业的生命线，它直接关系到物业管理企业的生存、员工的稳定和小区的和谐。因此，物业管理企业必须做好物业费用收缴服务。

一般来说，物业费用收缴服务流程如图 8-1 所示。

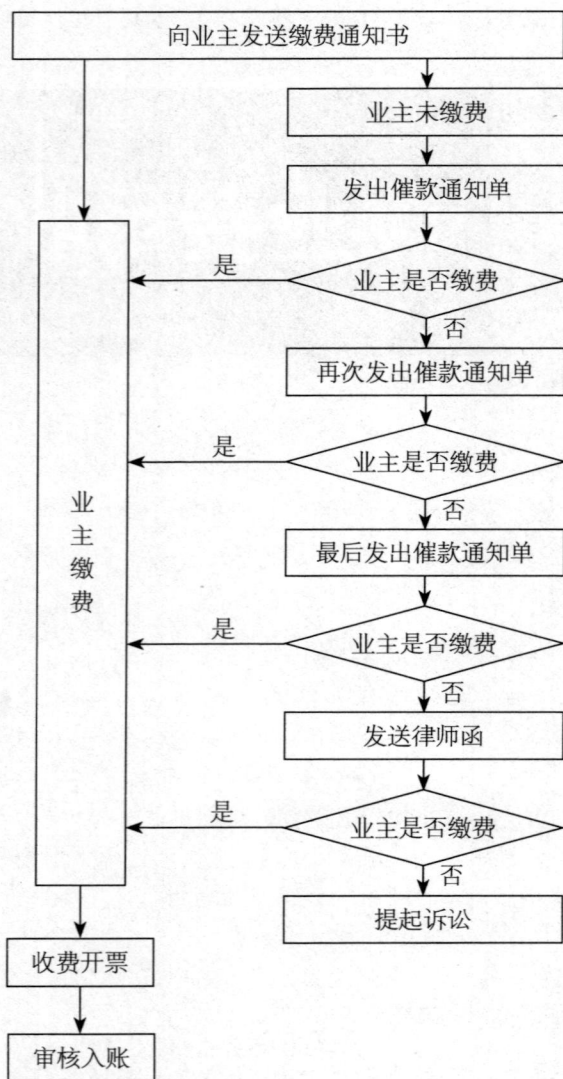

```
┌──────────────────────────────────────┐
│        向业主发送缴费通知书              │
└──────────────────────────────────────┘
                    │
                    ▼
            ┌──────────────┐
            │   业主未缴费    │
            └──────────────┘
                    │
                    ▼
            ┌──────────────┐
            │  发出催款通知单  │
            └──────────────┘
                    │
         是         ▼
    ◄───────◇ 业主是否缴费 ◇
    │              │否
    │              ▼
    │      ┌──────────────┐
    │      │ 再次发出催款通知单 │
    │      └──────────────┘
    │         是    │
    ◄───────◇ 业主是否缴费 ◇
  业            │否
  主            ▼
  缴    ┌──────────────┐
  费    │ 最后发出催款通知单 │
        └──────────────┘
    │     是     │
    ◄───────◇ 业主是否缴费 ◇
    │              │否
    │              ▼
    │      ┌──────────────┐
    │      │   发送律师函    │
    │      └──────────────┘
    │      是     │
    ◄───────◇ 业主是否缴费 ◇
    │              │否
    │              ▼
    │      ┌──────────────┐
    │      │    提起诉讼     │
    │      └──────────────┘
    ▼
┌──────────┐
│  收费开票  │
└──────────┘
    │
    ▼
┌──────────┐
│  审核入账  │
└──────────┘
```

图 8-1　物业费用收缴服务流程

细节39：了解物业管理费的构成

物业管理费是指物业管理企业按照物业服务合同的约定，对房屋及配套的设施设备和相关场地进行维护、养护、管理，维护相关区域内的环境卫生和秩序，而向业主收取的费用。物业管理费一般由以下项目构成。

（1）公共物业及配套设施的维护保养费用，包括外墙、楼梯、步行廊、升降梯（扶梯）、中央空调系统、消防系统、保安系统、电话系统、配电器系统、给排水系统及其他设施设备的维护保养费用。

（2）聘用管理人员的支出，包括工资、津贴、福利、保险、服装费用等。

（3）公用水电的支出，如公共照明、喷泉、草地洒水费用等。

（4）购买或租赁必需的机械及器材的费用。

（5）购买物业财产保险（火险、灾害险等）及各种责任保险的费用。

（6）垃圾清理、水池清洗及消毒灭虫的费用。

（7）清洁公共区域的费用。

（8）公共区域植花、种草及其养护费用。

（9）更新储备金，即物业配套设施更新费用。

（10）聘请律师、会计师等专业人士的费用。

（11）节日装饰费用。

（12）行政办公支出，包括办公用品等杂项及公共关系费用。

（13）公共电视接收系统及维护费用。

（14）其他因物业管理而发生的合理费用。

细节40：应对物业收费难题

物业管理企业经常遇到收费难的问题，因此而产生的纠纷和矛盾非常多。物业管理企业应采取适当措施应对物业收费难题。

（一）弄清业主拖欠费用的原因

几乎所有的业主对不及时缴纳物业管理相关费用的行为都有各种各样的理由和借口。

比如，对保安服务不满意，对物业服务人员态度不满意，对保洁服务不到位有意见，公共设施设备权属不明，家中东西被盗等。

物业管理企业应对业主提出的各种理由进行判断，分析其拖欠费用的真实原因和意图，一般来说有表 8-1 所示的两种原因。

表 8-1　业主拖欠物业费用的原因

拖欠原因	具体说明
善意拖欠	物业管理企业方面的原因造成的拖欠属于善意拖欠。对于善意拖欠，双方可通过及时沟通、协调达成一致，在及时收回欠款的同时维护与业主的良好关系
恶意拖欠	业主对物业管理企业某方面工作不满意，拒缴所有的费用，包括水、电、气等费用，物业管理企业不仅未能收到物业费用，还要垫付业主应承担的水、电、气等费用，这种属于恶意拖欠

小提示

对于恶意拖欠，物业管理企业必须予以高度重视并采取合理的追讨措施，加强对应收账款收回情况的监督。

（二）密切关注应收账款的收回情况

一般来讲，拖欠费用的时间越长，收回的难度越大，收回的可能性越小。因此，物业管理企业应密切关注应收账款的收回情况，以免影响其他业主缴纳相关费用的积极性和广大业主的合法权益。

（1）对已掌握的业主信息进行分析，对拖欠费用的业主进行分类，并对重要业主进行重点关注。按照性质，业主可分为大型企业、普通企业、个人等；按建立业务关系的时间来分，业主可分为老业主、新业主；按欠款金额来分，业主可分为重要业主、一般业主和零星业主。

（2）编制应收账款账龄分析表。物业管理企业利用应收账款账龄分析表可以了解有多少欠款尚在信用期内。对于未超出信用期的欠款，物业管理企业也不能放松管理、监督，要预防新的逾期账款出现。另外，应判断有多少欠款会因拖欠时间太久而成为坏账，这些都是物业管理企业制定催缴策略的重要依据。

小提示

物业管理企业可将业主信用期确定为一个月或半年等。不过，有的业主习惯年中或年末一次缴款，虽然拖欠了几个月，但只要在年内结清，都应视为正常。

（三）选择恰当的策略

对于拖欠时间不同、信用不同的业主的欠款，物业管理企业应采取不同的策略，这样往往会收到事半功倍的效果。

1. 催款方式

催款方式一般是循序渐进的，即信函、电话联系、上门面谈、协商或仲裁、诉诸法律。常见的催款方式如图 8-2 所示。

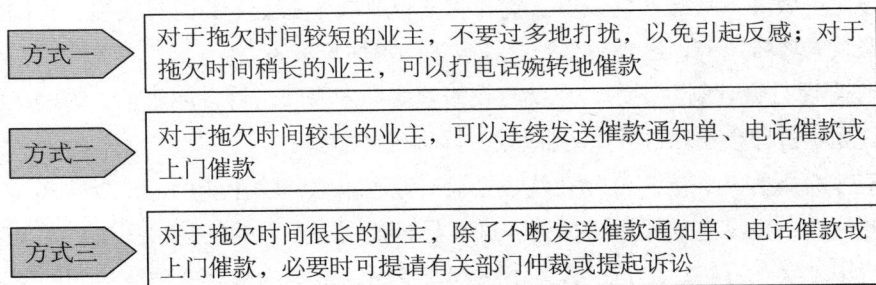

方式一	对于拖欠时间较短的业主，不要过多地打扰，以免引起反感；对于拖欠时间稍长的业主，可以打电话婉转地催款
方式二	对于拖欠时间较长的业主，可以连续发送催款通知单、电话催款或上门催款
方式三	对于拖欠时间很长的业主，除了不断发送催款通知单、电话催款或上门催款，必要时可提请有关部门仲裁或提起诉讼

图 8-2　常见的催款方式

2. 避免超过诉讼时效

物业管理企业在催缴费用的过程中，一定要想办法避免超过诉讼时效，保全收入。工作人员在催缴费用时要尽力收集欠款证据，依法使诉讼期间延长。

比如，工作人员亲自上门送催款通知单并请业主签字；请部分缴费的业主在发票或收据上签字；请欠款金额较大的业主制订还款计划，双方在还款计划书上签字盖章。

3. 给欠费业主足够的压力

业主拖欠费用时间长短往往取决于物业管理企业的态度。大多数严重拖欠都是因为在拖欠早期，物业管理企业没有对欠费业主施加足够的压力。对欠费业主施加压力时应注意图 8-3 所示的事项。

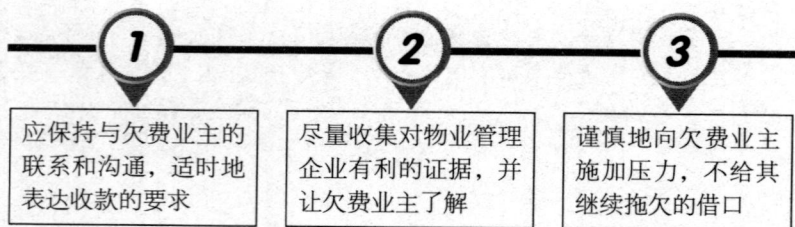

图 8-3　对欠费业主施加压力的注意事项

（四）建立应收账款（费用）坏账准备制度

无论企业采取什么样的信用政策，只要存在商业信用行为，坏账损失总是不可避免的。

既然坏账损失无法避免，企业就应遵循谨慎性原则，对坏账损失进行预先估计，建立应收账款坏账准备制度。物业管理企业应根据业主的财务状况，正确估计应收账款的坏账风险，选择适当的会计政策计提坏账准备。

根据现行会计制度规定，只要应收账款逾期未收回，符合坏账损失的确认标准之一，物业管理企业均可采用备抵法进行坏账损失处理。

在实际操作中，大多数物业管理企业对业主未缴的物业费用，在当期都没有进行账面反映，也没有计提坏账损失。这容易导致两个方面的问题：一是当期反映的物业费用结余不真实；二是少数人不缴物业费用，损害的是大多数业主的利益，很不公平。所以，物业管理企业应如实反映物业费用的收入，逾期未收到的费用不能反映为收入，符合坏账损失确认标准的，要在当期确认坏账损失，真实反映物业费用的结余情况。

（五）做好沟通工作

业主欠费各有原因，物业管理企业应派专人多走访欠费业主，深入了解情况，多做沟通工作。不了解情况、不理解收费原因、不明白收费用途、误解物业管理企业的欠费业主，经过解释、说服，大多都会改变态度。

物业管理企业应时刻保持与业主的良好沟通，了解业主的需求，及时发现各种潜在的问题，并把它们消灭在萌芽状态。

（六）借助《业主公约》和业主委员会的力量

物业管理企业在走访业主的同时，还要借助《业主公约》和业主委员会的力量。《业主公约》是由业主共同制定的有关物业使用、维护、管理等的行为准则，对全体业主（用户）具有约束力。

按时依约缴费是《业主公约》规定的每位业主应尽的义务。物业管理企业应充分重视《业主公约》的作用，宣讲《业主公约》的精神，积极督促业主履行《业主公约》，发挥《业主公约》的基础制约作用。

（七）完善物业服务合同

制定双方权利义务明晰的物业服务合同，明确地约定服务范围、项目、标准与收费方式及违约处罚办法等，可以为后期减少纠纷、顺利解决纠纷打下良好的基础。

细节41：物业费用催缴追讨

（一）拖欠费用的种类

在物业管理区域内，业主（用户）可能会拖欠的费用包括管理服务费、水电费、本体维修基金、停车场使用费等。

（二）催缴追讨工作流程

催缴追讨工作流程如图8-4所示。

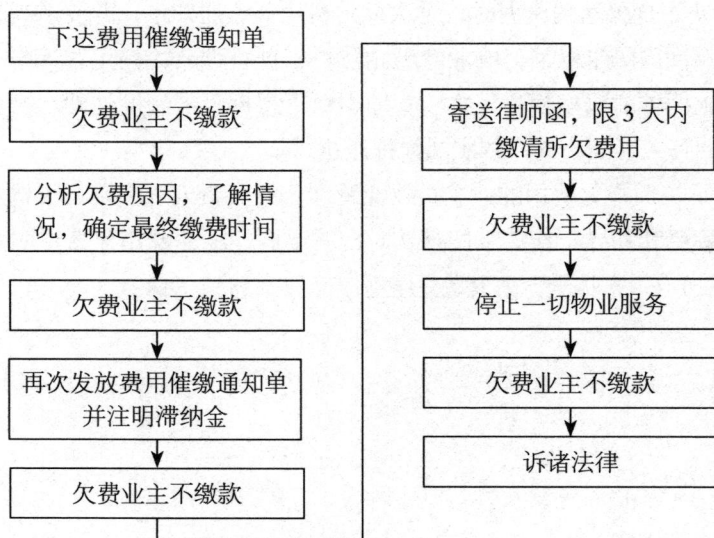

图8-4 催缴追讨工作流程

（三）催缴追讨工作要求

（1）当上月费用被拖欠时，客服人员可以参照下面的范本填写费用催缴通知单，并分发给收费员，由收费员发放到欠费业主家。

范本

<h3 style="text-align:center;">费用催缴通知单</h3>

尊敬的＿＿＿＿＿业主：

　　您户（单位）＿＿月应付各项费用人民币＿＿＿＿＿元。因您所提供的账户上存款不足，我公司迄今无法收到您户（单位）应缴费用，请您户（单位）接到此通知后，于＿＿＿年＿月＿日前到管理处缴纳，谢谢合作！

　　特此通知。

　　查询电话：＿＿＿＿＿＿

管理处签章：
＿＿＿＿年＿月＿日

（2）当费用拖欠达两个月时，再次发出费用催缴通知单，并要求其在限期内缴清费用。若限期内仍未缴清，物业管理企业可根据管理公约停止对其服务。如果业主经收费员上门催缴仍然拒付，物业管理企业可根据管理制度处理。物业管理企业可将这些条款写入管理公约，依照法律程序执行。

（3）对于长期拖欠费用的业主，物业管理企业负责人、主管、收费员等应登门拜访，并做解释和劝导工作。上门拜访时应有书面的物业费用欠费说明及欠费明细表（见表8-2），一式两份，由欠费业主签字认可，各持一份。

表 8-2　欠费明细表

编号：
管理处：　　　　　　　　　　　　　　　　　　　　　　　日期：　　年　月　日

序号	楼号 / 房号	欠费金额	欠费时段	欠费原因	催缴形式

注：本表每月__日上班前交管理处主任。

（4）若业主拖欠费用达一年以上，物业管理企业可依据物业管理相关法律法规对其起诉。

经典案例

陈年账，一次清

【案例背景】

某小区 F 座的一位业主自 6 年前办理入伙手续后，一直未入住，房屋空置至今。除了在入伙时预缴了 3 个月的物业管理费，就一直没向管理处缴过任何费用。因找不着人，电话经常联系不上，或者联系上其又借故搪塞推托，管理处只好每月把费用催缴通知单塞入门内，哪知该业主根本就没回来过，这些单子他压根看不到。就这样，管理处经理已经换了两任，管理处一年又一年地催缴物业管理费，该业主也一年又一年的拖欠费用。

20××年 4 月，公司派杨经理到该小区任职，他把积极清理历年拖欠款项作为自己年内的主要工作之一。杨经理通过统计、调查和分析，发现很多物业管理费都拖欠了两年以上，甚至还有如前述业主那样拖欠近 6 年的陈年账，且数额不小。拖欠费用的责任不在管理处，都在对方。他对清理拖欠款项有了信心，决定开始全面清收所有的拖欠款项。

对于裙楼商铺故意欠费的问题，他一方面积极主动上门与商户沟通，针对商户提出的意见，积极改进服务；另一方面督促其尽快补缴拖欠的物业管理费并按时缴纳物业管理费。经过一年多的沟通协调，两户商铺仍无理拒缴物业管理费，管理处请示公司后已通过司法程序予以解决。

对于F座该户业主的欠费问题，杨经理通过所有方法都无法与该业主取得联系，他查阅该业主办理入伙登记时提供的资料，了解其居住地址。当了解到该业主因工作居住在外地时，杨经理又积极与上海分公司取得联系，希望他们给予支持，协助查找该业主。上海分公司经过一番努力，终于找到了业主本人，并将费用催缴通知单转达给了该业主。在得到上海分公司转来的业主联系方式后，杨经理隔三岔五地联系该业主。然而，该业主仿佛在考验杨经理的毅力，其手机号码时常变换，好不容易打通后又故意不接听或转接语音信箱等。他每次在电话中都答应清缴费用，却没有一次兑现。尽管如此，杨经理仍不放弃，继续穷追猛"打"（打电话），不厌其烦地与其沟通，一次次地耐心向其解释物业管理法规中对空置房收费的相关规定，陈述继续拖欠物业管理费将要承担的法律责任和后果。

最后，该业主答应一定抽空回来缴清所欠费用。不久之后，业主便委托其朋友前来爽快地把所欠费用一次缴清了。

【案例分析】

杨经理百折不挠，终于清理了陈年账。通过本案例，我们可以得到以下经验。

（1）对于拖欠费用，只有及时催缴才能解决问题。回避或坐等问题自行解决，只会使问题越拖越复杂，最终变成久拖不决的难题。只有正视问题，积极主动地想方法，才能及时解决问题。

（2）对于久拖不决的商铺拖欠费用问题，应积极采取法律手段。这不仅关系到企业的收益，也是为了维护其他正常缴费的业主的利益不受侵害。

（3）面对不配合甚至有意刁难的业主，不能轻易放弃，要坚定信念，锲而不舍，直至有所收获。

细节42：推行便捷的收费方式

在移动支付已经十分普及的今天，为业主提供便捷的移动支付渠道，让业主缴费更方便，是物业管理企业理应提供的服务。

一般来说，物业费用在线缴纳方式如表 8-3 所示。

表 8-3　物业费用在线缴纳方式

物业费用在线缴纳方式		具体说明
微信公众号		现在不少物业管理企业开通了微信公众号缴费功能，业主关注微信公众号并完成绑定操作后，即可在线支付相关费用
支付宝生活号		业主关注物业管理企业的支付宝生活号并完成绑定操作后，即可在线支付相关费用
扫码支付	物业收费人员扫码	业主前往物业管理企业缴费，出示付款码，物业收费人员在物业收费系统中查询业主的欠费信息，并点触"扫码收款"按钮，使用连接到办公计算机的扫码枪扫描业主的付款码，即可完成收款
	账单二维码	物业管理企业每月向未按时缴费的业主发送缴费通知单，通知单上印有可用于缴款的二维码，业主收到通知单后，扫描二维码即可在线缴费
扫码支付	固定二维码	物业管理企业在小区公共区域的醒目位置发布固定的物业缴费二维码，业主通过手机扫码即可在线缴费
App 支付	业主（用户）主动扫码	物业收费人员打开本企业办公App，查询业主欠费账单并确认费用，并在办公App中生成收款二维码，业主通过手机扫描物业收费人员出示的二维码，即可在线缴费
	物业收费人员主动扫码	物业收费人员打开本企业办公App，查询业主欠费账单并确认费用，业主出示付款码，物业收费人员使用办公App的"扫一扫"功能扫描业主的付款码，即可完成收款
自助缴费机		如果物业管理企业安装了自助缴费机，业主可以通过自动缴费机实时查询和缴纳物业管理费、停车费等费用

细节43：定期公示费用收支

《中华人民共和国民法典》（简称《民法典》）第九百四十三条规定，物业服务人应当定期将服务的事项、负责人员、质量要求、收费项目、收费标准、履行情况，以及维修资金使用情况、业主共有部分的经营与收益情况等以合理方式向业主公开并向业主大会、业主委员会报告。

物业管理企业应当按照有关规定，建立健全财务管理制度，加强物业服务成本核算，定期公示收支情况。

（一）公示时间和位置

物业管理企业应当每年或者每半年定期公示相关物业费用收取、使用情况，接受业主监督。

（二）公示方式

公示方式以公示牌（栏）为主，即在物业服务中心、宣传橱窗等小区内的显著位置进行公示。具备条件的企业可同时使用收费手册、LED 显示屏、社区网络、物业管理平台、业主微信群、多媒体终端等方式予以公示。

（三）公示内容

物业管理企业应当在小区内显著位置设置公示栏，如实公示、及时更新以下信息，还可以通过其他方式告知全体业主。

（1）物业管理企业的营业执照、项目负责人的基本情况、联系方式及物业服务投诉电话。

（2）物业服务合同约定的服务内容、服务标准、收费项目、收费标准和收费方式。

（3）物业管理企业的权利和义务。

（4）电梯、消防等具有专业技术要求的设施设备的日常维修保养单位名称、资质、联系方式、维保方案和应急处置方案等。

（5）上一年度物业服务合同履行及物业服务项目收支情况、本年度物业服务项目收支预算。

（6）上一年度公共水电费用分摊情况、公共收益收支情况与专项维修资金使用情况。

《民法典》第二百八十二条规定，建设单位、物业服务企业或者其他管理人等利用业主的共有部分产生的收入，在扣除合理成本之后，属于业主共有。

一般来说，住宅小区公共收益包括：在楼道、屋面、电梯、外墙、道闸等处张贴广告产生的广告费；公共场地、公共道路的车辆停放场地使用费；公共场地摆摊、自助售卖机、快递柜等进场费；通信基站等设备占地费；属于全体业主的会所、幼儿园、物业服务用房、架空层等公建配套用房或公共场地的租金收入等。

（7）业主进行房屋装饰装修活动的情况。

（8）小区内车位、车库的出售和出租情况。

（9）其他应当公示的信息。

图 8-5 为停车场收费标准公示。

图 8-5 停车场收费标准公示

经典案例

物业费用支出情况是否要公示

【案例背景】

张老先生在某小区买了一套房屋，花去半生积蓄。谁知入住后，张老先生发现还要缴纳维修基金、管理费等。这些费用都缴齐后，他本以为可以安心居住了，谁知物业管理企业又发通知要缴这个费、那个费。张老先生感到非常疑惑，到管理处询问费用的去向，要求财务人员提供支出账目。财务人员回答："支出是商业秘密，只向业主委员会公开，不是每位业主都可以查的。"张老先生非常气愤，先投诉该财务人员，后到政府主管部门投诉该物业管理企业乱收费，还发动邻居拒缴相关费用。

政府主管部门、业主委员会在接到投诉后，先后对物业管理企业进行审查。经核实，该物业管理企业并未乱收费，要求物业管理企业尽快跟业主解释清楚。

该物业管理企业重新修订了财务公开制度，每季度向全体业主公布一次费用收支情况。

同时，该物业管理企业还对处理此事的财务人员进行教育，要求其耐心回复业主询问。主管人员登门向张老先生道歉，说明了财务公开制度，并提醒张老先生注意每次的财务公告。

【案例分析】

物业管理企业是全体业主的"管家"，一切工作都应置于业主的监督下。特别是物业费用的收取与支出，应定期张榜公布，以便让业主明白物业费用的收支情况。但业主虽然有财务监督权，但行使此项权利的方式并不是业主私人查账。

物业管理企业应理解：业主作为费用支付人，有权知道自己所缴费用的去向。若物业管理企业没有实行财务公开制度，未定期公布财务报表，则应尽快实行；若已有财务公开制度，则可以向业主说明财务报表将于何时公布，请业主留意。如果业主执意要查账，财务人员可请业主要求业主委员会委托专业会计师事务所审查。

环节 9　客户服务管理

对于服务过程中所有与业主直接接触的环节，物业管理企业都应以业主满意为导向，时刻站在业主的角度，为业主提供专业的服务，从而与其建立长期的良好关系。

一般来说，物业客服中心的整体运作流程如图 9-1 所示。

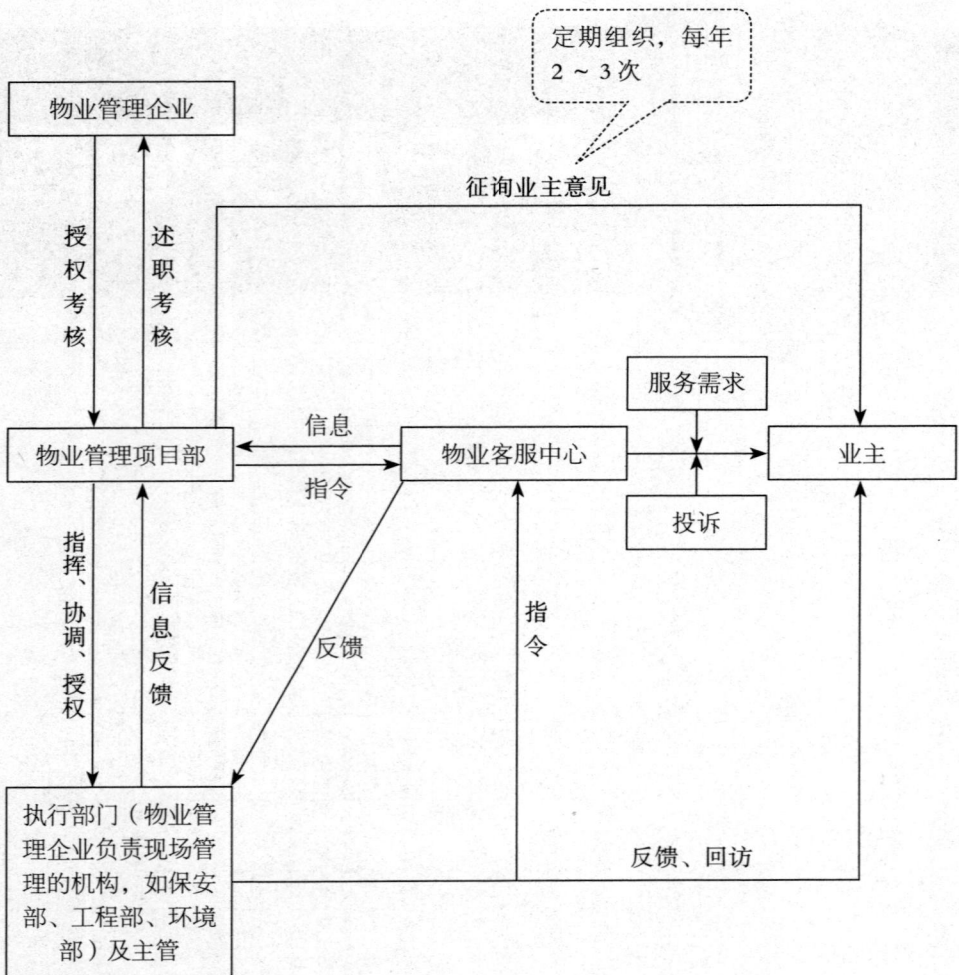

图 9-1　物业客服中心的整体运作流程

细节44：与业主（用户）有效沟通

在现实生活中，物业管理企业与业主（用户）之间的矛盾不仅会影响到企业的运行，也会影响到企业经营目标的实现，因此，运用合理的方式化解矛盾是物业服务工作的重要内容。沟通是把信息、思想和情感传递给个人或群体并达成协议的过程，它是拉近双方距离、促进交流、形成共识的最常见、最有效的手段之一。

（一）业主（用户）的分类

业主（用户）是物业管理企业的服务对象，是物业服务的最终消费者。要想更好地与业主（用户）沟通，就必须充分了解业主（用户）。按业主（用户）对物业管理企业的态度，业主（用户）可分为表9-1所示的三类。

表9-1 业主（用户）的类型

类型	具体说明
顺意型	顺意型业主（用户）是指对物业管理企业的服务和行为持认同、支持的态度，按时缴纳物业费用的业主（用户）。增加顺意型业主（用户）对物业管理企业的发展很有利。物业管理企业应经常与他们沟通，尊重他们的意见，满足他们的需求，维护并扩大顺意型业主（用户）的队伍
逆意型	逆意型业主（用户）是指对物业管理企业的服务和行为不满意的业主（用户），他们不仅拒缴物业费用，还可能通过言论影响其他业主（用户）。逆意型业主（用户）和物业管理企业有利益上的矛盾，或者由于沟通不及时、不准确，对企业有误解。物业管理企业应分析原因，进行说明引导，防止逆意型业主（用户）的队伍扩大，并争取把他们转化为顺意型业主（用户）
中立型	中立型业主（用户）是指对物业管理企业既不支持也不反对的业主（用户）。物业管理企业应引导他们转化为顺意型业主（用户）

小提示

有一些物业管理企业在服务过程中没有关注上述三类业主（用户）的结构和数量，导致逆意型业主（用户）越来越多，甚至造成业主（用户）"炒掉"物业管理企业。

（二）与业主（用户）沟通的方式

1. 日常沟通

日常沟通的方式主要有表 9-2 所示的几种方式。

表 9-2　日常沟通的方式

沟通方式	说明
见面主动问候	所有员工见到业主（用户）时应主动问候，彬彬有礼，笑脸相迎，这样可以拉近与业主（用户）之间的距离
设立服务热线	设立服务热线是听取业主（用户）意见、加强业主（用户）与企业之间沟通最直接、最有效的方法之一。物业管理企业应安排专人负责接听电话并按投诉的类型进行记录。要细致地做好答疑解惑工作，及时准确地处理业主（用户）的投诉和回访，给业主（用户）一个满意的答复
设立信箱	为提高物业管理企业的服务质量和水平，让业主（用户）有参与感，也为了收集业主（用户）的具体意见，物业管理企业应在小区显著位置设立信箱，定时开箱，将信分门别类，分清轻重缓急，解决问题
召开座谈会、联谊会	为了广泛征求业主（用户）的意见，加强业主（用户）与企业之间、业主（用户）之间的沟通，可定期召开业主（用户）座谈会，举办各种形式的联谊会，了解广大业主（用户）的需求。可以邀请不同年龄层次、职业的业主（用户）参加座谈会、联谊会，以便从不同角度了解问题、听取意见，同时针对业主（用户）的一些误解予以解答
充分利用宣传栏	通常在主出入口都有一个宣传栏，要充分发挥宣传栏的作用，及时准确地将物业管理动态、有关法律法规、业主（用户）意见和建议张贴在宣传栏里，以便使更多的业主（用户）参与活动，支持和配合物业服务工作
建立网站和论坛	物业管理企业可以建立网站，开设多个专栏进行宣传，或者组建业主论坛，安排合适的部门或人员回复问题；对于业主提出的好的建议，立即落实；对于业主的一些误解或疑问，予以正确的解答
群发短信	用群发短信的方式将信息传递给业主（用户），包括与业主（用户）生活息息相关的问题（如煤气开关、停水、停电、小区除虫喷药等）、温馨提示、小区大型活动通知、节日问候、最新的物业政策法规等，以此体现贴心的人性化服务
组建微信群	现在很多物业管理企业都建立了业主（用户）微信群，客服人员在群里为大家提供咨询服务，业主（用户）还可以在群里进行物业报修，大家在群里互动交流，彼此了解。这不仅有利于拉近物业服务人员和业主（用户）之间的距离，还有利于拉近业主（用户）之间的距离

（续表）

沟通方式	说明
开通微信公众号	如今，为了实现线上线下一体化服务，全面提高服务质量，拓展增值服务，很多物业管理企业开通了微信公众号。业主（用户）可以通过微信公众号随时随地了解物业服务和社区生活信息。客服人员可以对业主（用户）的在线咨询、投诉、建议进行一对一的回复，及时解决问题，从而提升服务质量和业主（用户）满意度

业主（用户）座谈会如图 9-2 所示。

图 9-2　业主（用户）座谈会

2. 特殊日沟通

逢年过节，物业管理企业可以用标语、条幅（见图 9-3）、贺信表达对业主（用户）的祝福，也可以在业主（用户）的生日送上一张生日贺卡，在业主（用户）新婚时送上一束鲜花，做这些小事有利于培养业主（用户）对物业管理企业的信任感，拉近彼此之间的距离。

图 9-3　新年庆祝条幅

3. 针对性沟通

针对物业区域内发生的重大事件、特殊问题，仅做一般性沟通是不够的。相关负责人要亲自登门拜访业主（用户），有针对性地进行面对面的沟通。物业管理企业应具有危机公关意识，遇到事关企业发展的危机事件时要快速反应、主动沟通，以维护良好的企业形象。

（三）与业主（用户）沟通的技巧

与业主（用户）沟通的技巧主要有图 9-4 所示的几种。

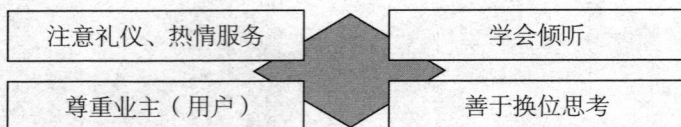

| 注意礼仪、热情服务 | 学会倾听 |
| 尊重业主（用户） | 善于换位思考 |

图 9-4　与业主（用户）沟通的技巧

1. 注意礼仪、热情服务

礼仪是人与人之间交往的润滑剂，物业服务人员应接受礼仪培训，做到微笑服务、热情服务。物业服务人员要尽量记住业主（用户）的名字，与业主（用户）碰面时要礼貌地叫出对方的名字，使对方感到愉快。

2. 尊重业主（用户）

没有人会拒绝别人的尊重。在与业主（用户）沟通的过程中，物业服务人员要尊重业主（用户），包括尊重对方的习惯、找到共同的话题、进行情感交流等，这样做会使业主（用户）感到温馨，从而更加支持和理解物业服务工作。

3. 学会倾听

做一个好的倾听者，不仅要听业主（用户）讲什么，更要体察对方想要说什么，不要轻易打断对方的发言。其实，很多时候业主（用户）也就是对某件事发发牢骚。实践证明，倾听往往比辩解效果好。

4. 善于换位思考

善于换位思考也是取得良好沟通效果的法宝。物业服务人员要能从业主（用户）的角度出发，为业主（用户）着想。

比如，某业主放在小区内的车辆被盗，业主反映给物业服务人员，有的物业服务人员可能满不在乎地说："这太正常了！"其实业主本来只是想提醒物业服务人员加强防范，但物业服务人员不以为然的态度可能激怒业主，业主有可能要求物业管理企业赔偿。如果物业管理企业能够换位思考，表示同情、理解，及时帮助业主报案和收集证据，业主会非常感激。

通过有效沟通，物业管理企业与业主（用户）之间很少有什么问题是不能解决的。物业管理企业与业主（用户）之间的纠纷越来越少，业主（用户）起诉物业管理企业的情况就越来越少，业主（用户）对物业管理企业的满意度和忠诚度就会越来越高。

细节45：物业管理企业回访

物业管理企业要加强与业主（用户）的联系，及时为业主（用户）排忧解难；同时，应不断总结经验与教训，集思广益，经常开展回访工作。做好回访工作，有利于改进物业管理企业和业主（用户）之间的关系。

（一）回访的方式

为了不影响业主（用户）的正常生活和工作，一般可采用电话回访的方式，还可以采用与业主（用户）交谈、现场查看、检查等方式。回访由物业管理企业派专人执行，不定时进行（见图 9-5）。

图 9-5　到业主家回访

（二）回访的内容

回访的内容主要包括水、电、暖、气等生活设施的使用及管理，以及卫生管理、绿化管理、公共管理、维修质量、服务态度等方面的问题。

（三）投诉后回访

（1）回访时应虚心听取意见，诚恳接受批评，采纳合理建议，做好回访记录。回访记录由专人负责保管。

（2）回访中，若不能当场答复业主（用户）的问题，应告知大概的回复时间。

（3）其他人员收到业主（用户）的意见、建议、投诉时，应及时反馈给部门领导或回访管理人员，并认真做好记录。对不属于本部门职权范围内的事项，应及时呈报上级部门处理，不得推诿、扯皮。

（4）对于回访时业主（用户）提出的意见、要求、建议、投诉，应及时整理、快速反应、妥善解决，遇重大问题时应向上级部门请示。对于业主（用户）反映的问题，要做到件件有着落、事事有回音，回访处理率达到 100%，投诉率力争控制在1% 以下。

（5）接到业主（用户）投诉，应先向业主（用户）表示歉意和感谢，并做好登记。对于重大投诉，可组织相关人员向业主（用户）致歉和说明，及时落实解决措施及责任人，限期处理。

（6）对于投诉，回访率须达到 100%，必要时可进行多次回访，直至业主（用户）满意。

（四）维修后回访

为了确认维修质量及考核维修服务人员，维修工作完成后一定要回访，这也是物业管理企业通行的做法。

1. 维修后回访的内容

（1）实地查看维修项目。

（2）向在维修现场的业主（用户）或其家人了解维修人员的工作态度。

（3）征询改进意见。

（4）核对收费情况。

（5）请被回访人签字确认。

2. 维修后回访的原则

小事、急事当时或当天解决，如果同时有若干急事，应如实告知业主（用户），协调时间。一般事情，当天有回音，三天内解决；重大事情，三天有回音，七至十五天内解决。维修后当时看不出维修效果或可能再次出现问题的，应进行多次回访；维修效果明显或属于低值易耗品的，可进行一次性回访。

3. 维修后回访的语言规范

既可以上门拜访、实地查看，也可以通过电话与业主（用户）沟通确认，无论以何种方式进行回访，用语都要规范，语气要温和，表达要清晰。

以下是一些常见的回访用语。

"您好，我是管理处的员工，今天来回访，请问您对我们的维修服务是否满意？"

"先生（女士），您的水龙头现在还漏水吗？您对维修服务人员的态度满意吗？"

"先生（女士），您在电话中反映的维修服务人员乱收费的情况，我们已做了调查与处理，今天特来回访，与您沟通一下。"

4. 维修后回访的时间要求

维修后回访一般安排在维修后一周之内。

比如，安全设施维修后两天内回访，漏水项目维修后三天内回访。

几乎每家物业管理企业都有关于维修后回访的规定，例如，某物业管理企业对维修后回访的规定如下。

（1）对于危及业主（用户）生命、财产安全的问题，如出现天花板批荡层脱落，墙裂缝严重，灯罩松动，橱柜松动、倾斜，电器外壳带电等，须马上处理。处理后，一周内回访一次；问题严重的，须不断跟踪回访。

（2）房内墙角、天花板出现渗水现象，在接到通知后，须马上到现场查明原因，在两日内判断、处理、解决，维修后第二天回访一次；若是雨水造成的，在下雨后马上回访一次。

（3）洗菜盆、洗脸盆、座厕或其他管道堵塞或漏水的，当日解决，次日回访。

（4）电视机、录像机、电冰箱、电烤箱等家电出现问题的，当天检查；若属简单维修，如插头断了或接触不良，在维修后第二天回访一次。

（5）业主（用户）的电视收视效果差时，应马上与有关单位联系，两日内解决，次日回访。

（6）业主（用户）房内墙出现裂缝，但不危及生命或影响正常生活，可与有关单位联系，三日内解决，五日内回访一次，一个月内回访第二次。

5. 处理回访中发现的问题

一般而言，对于回访中发现的问题，应在 24 小时内通知维修人员整改。

（五）上门回访的安排

与业主（用户）当面交流时，双方的情绪、眼神、面部表情及肢体语言会相互感染和影响，一杯热茶、一抹微笑可以化干戈为玉帛，可以融解文字的冰冷。当面交流有其他方式无法比拟的优点，但这种方式并不是十全十美的，当双方观点不一致或出现僵局时，稍有不慎反而容易导致矛盾升级。因此，物业管理企业要做好上门回访的安排。

1. 人员安排

上门回访时应注意一些问题，如安排两个人组成一个小组，通常是一男一女，不管业主（用户）是男是女，都不会引起尴尬和不便，成员之间也可以相互照应、做见证。

2. 上门回访的时间安排

（1）上门回访尽量安排在业主（用户）下班后进行。

（2）上门回访的时长应适宜，太短则效果不佳，太长则影响业主（用户）正常生活，通常以半小时左右为宜。

（3）上门回访应提前告知，不能贸然拜访业主（用户）。

细节46：业主（用户）意见征询

为加强与业主（用户）的联系与沟通，及时了解业主（用户）的心声，物业管理企业应建立业主（用户）意见征询制度。

一般来说，业主（用户）意见征询流程如图9-6所示。

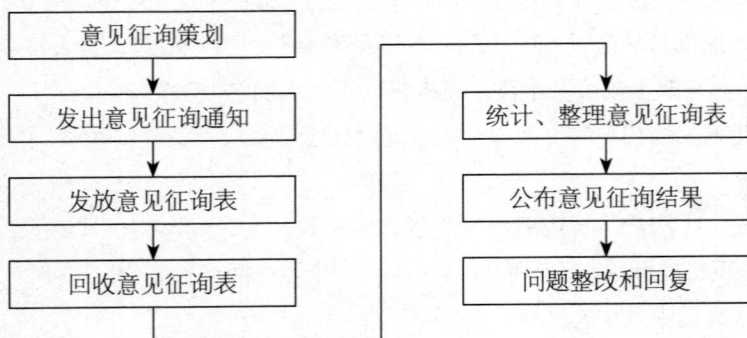

图9-6 业主（用户）意见征询流程

（一）意见征询策划

（1）根据当地主管部门的有关规定、行业的有关规定、物业服务合同中的约定等，在年度工作计划中确定当年业主（用户）意见征询的次数。

（2）确定每次意见征询活动的起止时间、主要责任部门及责任人、协助部门及协助人等。

（3）最晚在意见征询启动前一个月，根据该物业项目服务要求及业主（用户）日常反映较多的问题等，确定意见征询的范围和内容。

（4）根据之前确定的意见征询的范围和内容，设计业主（用户）意见征询表，原则上一户一表。

下面提供一份业主（用户）意见征询表的范本，仅供参考。

范本

业主（用户）意见征询表

尊敬的业主（用户）：

您好！为您提供周到、完善的优质服务，不断提高您的生活质量，是我们作为物业管理人义不容辞的责任。为了听取您的意见，请您填写本调查表，然后交给岗亭值班护卫，以便我们根据您的意见改进我们的工作，将服务工作做得更好，把小区建设成为更加文明、温馨、美丽的家园。谢谢！

姓名			房号		联系电话	
评价项目	满意	较满意	不满意	建议与意见		
服务态度						
服务质量						
投诉处理						
清洁卫生						
园林绿化						
治安管理						
车辆管理						
社区文化						

（续表）

　　尊敬的业主（用户），请您评价物业项目经理及本公司整体服务质量等，如果您有好的意见，也请在此提出，谢谢！

　　业主（用户）签名：

　　　　　　　　　　　　　　　　　　　　　_____物业管理有限公司
　　　　　　　　　　　　　　　　　　　　　____年__月__日

　　（5）根据意见征询结果统计相关数据。

　　① 业主总户数。

　　② 意见征询表发出份数、发放率。

　　③ 意见征询表回收份数、回收率。

　　④ 各项征询内容的满意率。

　　⑤ 综合满意率。

　　意见征询表发放、回收情况一览表如表 9-3 所示，意见征询表发放率、回收率一览表如表 9-4 所示。

表 9-3　意见征询表发放、回收情况一览表

部门：　　　　　　　　　　□年　□半年　　　　　　　　　编号：

序号	发放部门	发放份数	发放人及日期	接收人	回收份数	回收人及日期	备注
总计	—		—	—		—	

归档：　　　　　　　　　　　　　日期：

表 9-4　意见征询表发放率、回收率一览表

部门：　　　　　　　　　　□年　□半年　　　　　　　　编号：

客户总数		征询表发放份数		征询表回收份数	
发放率＝$\dfrac{发放份数}{客户总数}$×100%＝＿＿＿＿×100%＝＿＿＿%					
回收率＝$\dfrac{回收份数}{发放份数}$×100%＝＿＿＿＿×100%＝＿＿＿%					
备注					

（6）常用指标的计算。

① 各项征询内容的满意率＝〔（该项征询内容满意份数＋该项征询内容较满意份数）〕÷回收份数×100%。

② 综合满意率等于各项征询内容的满意率乘以各项征询内容的权值，然后除以各项征询内容权值之和。

（二）发出意见征询通知

最晚在意见征询启动前五天，在宣传栏、单元告示栏、楼宇大厅等醒目处张贴书面通知，或者通过短信、微信公众号、微信群等向业主（用户）发出即将进行意见征询的通知。

意见征询通知主要包括以下内容。

（1）意见征询的目的、意义。

（2）意见征询的起止时间。

（3）意见征询表的发放方式、回收方式及时间。

（4）接受意见征询有关事项咨询的部门及其电话号码、电子邮箱等。

下面提供一份小区物业服务意见征询通知的范本，仅供参考。

范本

关于进行小区物业服务意见征询的通知

尊敬的各位业主（用户）：

　　为加强物业管理企业与业主（用户）的交流和沟通，充分发挥业主（用

户）参与小区管理、监督服务质量的作用，××物业管理有限公司_____管理处将于__月__日上门拜访并派发业主（用户）意见征询表，征询您对物业服务工作的意见和要求，以及小区还需增设哪些便民服务。

　　请您收到管理处派发的业主（用户）意见征询表后如实填写，并于__月__日前返还管理处或通过致电、预约会谈、书函投递等方式将意见反馈给我们。

　　服务工作永无止境，小区建设需要您的积极参与和支持。我们真诚地希望您能提出宝贵的意见和建议，携手共建温馨、祥和的美好家园。

　　如有疑问，请致电咨询。电话：××××××××

××物业管理有限公司

____年__月__日

（三）发放意见征询表

　　意见征询表发放方式要根据实际情况确定，以可行性高、可操作性强、回收率高为基本原则。

　　发放意见征询表主要有以下方式。

　　（1）逐户上门发放。

　　（2）将意见征询表放在指定地点由业主（用户）自取。

　　（3）将意见征询表放在客服中心，在业主（用户）来缴费、办事、经过时交给业主（用户）或提示其拿取。

　　（4）将意见征询表放进每户业主（用户）的信箱。

　　（5）知道业主（用户）电子邮箱的，可发送电子邮件并用短信提示。

　　（6）其他方式。

　　小提示　意见征询表发放率不应低于本物业项目常住户的80%。

（四）回收意见征询表

　　回收意见征询表的方式如下。

　　（1）逐户上门回收。

156

（2）业主（用户）将意见征询表交到指定地点。

（3）业主（用户）到客服中心办事时交给客服人员。

（4）通过电子邮箱回复等。

物业服务人员在回收意见征询表时应积极想办法提高回收率，意见征询表的回收率不应低于80%。

（五）统计、整理意见征询表

（1）对回收的意见征询表进行统计。统计内容和标准按规定内容和标准执行。

（2）将统计结果记录在业主（用户）意见征询情况统计表上。

（3）对意见征询表上出现较多、严重影响服务质量的问题进行分类和整理，明确责任部门及责任人，制定整改措施，确定整改完成时间。

（六）公布意见征询结果

（1）意见征询情况统计表、意见汇总及整改措施要以书面形式公布。公布方式根据物业项目的具体情况确定，一般有图9-7所示的几种。

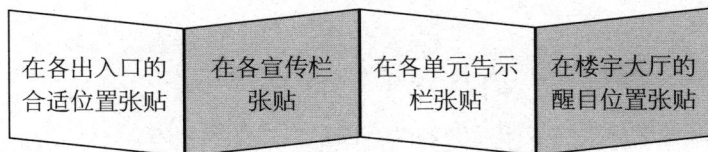

图 9-7 意见征询结果公布方式

（2）对于不能或暂时不能整改的问题，要向业主（用户）做出合理的说明和解释，一并公布。

（七）问题整改和回复

（1）由整改措施确定的责任人和责任部门整改问题。

（2）根据整改时限要求，以书面形式向全体业主（用户）回复整改情况。

（3）对于在整改过程中发现的需要较长时间才能整改完毕的问题，应在回复材料中说明。

细节47：业主（用户）满意度调查

为了提高服务质量，物业管理企业可对业主（用户）开展满意度调查，这是物业管理企业改善服务的重要依据。要想全面地了解业主（用户）满意度，就要合理设置调查范围和内容。大型物业管理企业在做满意度调查时一般会遵循图 9-8 所示的六个步骤。

1. 确定调查内容
2. 发布调查通知
3. 设计调查问卷
4. 发放和收集问卷
5. 结果统计与分析
6. 公示和改进

图 9-8　满意度调查的步骤

（一）确定调查内容

满意度调查应涉及物业服务的各个方面，具体如表 9-5 所示。

表 9-5　满意度调查的内容

调查项目	具体内容
工作人员仪表及服务态度	（1）工作人员仪表和服务态度 （2）维修人员仪表和服务态度 （3）保安人员仪表和服务态度 （4）保洁及绿化人员仪表和服务态度
设施设备维护情况	（1）电梯、机电设备的维护情况 （2）供水及其他公用设备的运行维护情况 （3）墙体维护情况 （4）娱乐设备维护情况

（续表）

调查项目	具体内容
服务情况	（1）安全服务情况 （2）环境服务情况 （3）社区文化服务情况
社区信息及政策处理情况	（1）投诉意见处理及时性和处理结果情况 （2）停水、停电等信息预先通知情况 （3）社区政策处理情况
收费情况	（1）小区物业收费情况 （2）业主（用户）对小区物业收费标准的评价

（二）发布调查通知

为了让业主（用户）提前做好准备，物业管理企业应在开展调查工作之前发布通知，可将其张贴在小区公告栏中。

下面提供一份业主（用户）满意度调查通知的范本，仅供参考。

范本

关于满意度调查的通知

尊敬的业主：

为了更好地为您服务，我们将在本月进行满意度调查工作。请您完整填写由我公司发放的满意度调查问卷，为我们的各项工作打分，多提宝贵意见。为感谢您对我们工作的支持，我们拟针对有效问卷举行抽奖活动，详情请见调查问卷。

调查问卷主要由服务人员上门发放，您也可直接到客服中心领取。

调查问卷的发放时间：__月__日至__月__日。

填好的调查问卷的交回时间：__月__日至__月__日。

详情请垂询×××××××。

非常感谢您的支持！

×× 物业管理有限公司客服中心

20×× 年 × 月 × 日

（三）设计调查问卷

满意度调查的方式有很多，如上门调查，即安排员工去业主（用户）家里调查等。不过，用得最多的还是问卷调查，即物业管理企业根据业主（用户）关心的事项设计问卷调查表，由业主（用户）填写，以此调查业主（用户）对物业服务的满意度。

下面提供一份物业服务满意度调查问卷的范本，仅供参考。

范本

物业服务满意度调查问卷

尊敬的业主：

您好！

为了提高服务质量，特请您对我们的工作进行评价。

一、您的基本情况

1. 您的姓名：_____

   性别：□男　　　□女

   年龄：□20～29岁　□30～39岁　□40～49岁　□50～59岁　□60岁及以上

   联系电话：_____

2. 您所居住的小区的名称：_____

   物业公司名称：_____

   物业属性：□商品房　□公房　□其他：_____

   物业类型：□高层　□小高层　□多层　□别墅　□其他：_____

   入住时间：_____

二、物业管理各类服务项目满意度测评

A表示满意，B表示较满意，C表示一般，D表示较不满意，E表示不满意。

1. 护卫服务

（1）保安人员的岗位规范服务（仪容仪表、挂牌上岗、行为举止、环境熟悉、秩序维护、安全防范、服务态度等）　　　　　A B C D E

（2）24小时保安立岗、巡岗安全服务　　　　　A B C D E

（3）外来访客、闲杂人员、物品进出管理　　　　　A B C D E

（4）机动车辆管理（车辆登记，停车证发、收，车辆指挥，收费等）

　　　　　　　　　　　　　　　　　　　　　　　A B C D E

（5）停车场（露天、地下）、自行车库进出管理（场地清洁、车辆停放有序、道路畅通、标识清楚等）　　　　　　　　　　　A B C D E

（6）消防及安全设施管理（消火栓、灭火器、防盗门、电子对讲门禁系统、监控等）　　　　　　　　　　　　　　　　　A B C D E

2. 保洁服务

（1）清洁人员的岗位规范服务（仪容仪表、行为举止、服务态度等）

　　　　　　　　　　　　　　　　　　　　　　　A B C D E

（2）室内公用部位（门厅、大堂、楼梯、扶手、台阶、楼道、走廊、墙面、天花板、玻璃窗、公共设施设备、标识、装饰物等）清洁服务　A B C D E

（3）室外公用区域（道路、广场、雕塑、公共设施设备、标识、装饰物等）清洁服务　　　　　　　　　　　　　　　　　A B C D E

（4）生活垃圾装袋情况，日产日清，垃圾桶、垃圾箱房定期消杀

　　　　　　　　　　　　　　　　　　　　　　　A B C D E

（5）建筑垃圾的清运与管理　　　　　　　　　　A B C D E

3. 绿化养护服务

（1）绿化养护现状（花草树木长势、修剪状况、补种换苗等）

　　　　　　　　　　　　　　　　　　　　　　　A B C D E

（2）绿化养护情况（浇灌、施肥、病虫害防治等）A B C D E

（3）绿化区域内的环境卫生　　　　　　　　　　A B C D E

4. 客户接待服务

（1）物业接待办公场所环境与布置　　　　　　　A B C D E

（2）服务接待人员的岗位规范服务（仪容仪表、挂牌上岗、行为举止、文明用语、服务态度等）　　　　　　　　　　　　　A B C D E

（3）全年的客户服务　　　　　　　　　　　　　A B C D E

（4）公开办事制度、收费项目与标准　　　　　　A B C D E

（5）各类日常服务（电话、书信、来访）、投诉事项处理（处理时限、处理绩效、反馈与回访等）　　　　　　　　　　　A B C D E

（6）装修管理（图纸审批、合约签订、施工人员管理、装修现场监控与管理、

违章处理、验收）	A B C D E
（7）与业主（用户）的沟通、协调	A B C D E
（8）杜绝"吃""拿""卡""要"	A B C D E

5. 维修服务

（1）维修人员的岗位规范服务（仪容仪表、挂牌上岗、行为举止、文明用语、服务态度等）	A B C D E
（2）24 小时报修项目受理	A B C D E
（3）各类报修项目的维修情况（维修时限、维修质量、验收签字、维修回访等）	A B C D E
（4）杜绝"吃""拿""卡""要"	A B C D E

6. 房屋设施设备运行管理

（1）小区供水、供电情况	A B C D E
（2）电梯正常运转情况（日常运行、保养等）	A B C D E
（3）小区楼内公共照明与道路照明	A B C D E
（4）楼顶水箱清洗情况	A B C D E

7. 综合管理与服务评价

（1）您对本物业整体服务水平的评价	A B C D E
（2）您对本物业各类服务收费合理性的评价	A B C D E
（3）您对本物业提供的各类服务（有偿服务、无偿服务、特约服务等）的评价	A B C D E
（4）您对本物业开展的各类活动的评价	A B C D E

（四）发放和收集问卷

1. 发放和收集问卷的时间

发放和收集问卷要选合适的时间，例如，业主（用户）在节假日、周末或晚间的时间比较充裕。从发放到收集问卷的时长应控制在 15 分钟以内。

2. 发放和收集问卷的方式

发放和收集问卷可以采取上门入户、在小区内设点发放和收集的形式。调查员要经过必要培训，发放问卷时要注意礼貌，回收问卷时要保证回收率。问卷要发放到每位业主（用户）的手中，做到不重不漏。

图 9-9 为在小区内设点发放调查问卷。

图 9-9　在小区内设点发放调查问卷

（五）结果统计与分析

物业管理企业应对调查结果进行分类统计与分析，并形成书面的调查报告。

小提示

每次调查结束后，物业管理企业都应安排专人对所有调查问卷进行统计与分析，将业主（用户）在问卷中提到的意见和建议列出，撰写相关报告，并在下一阶段工作中予以改进。

下面提供几份统计表与分析报告的范本，仅供参考。

范本

满意度调查问卷统计表

项目	非常满意	比较满意	一般	不满意	非常不满意	发放问卷份数	回收问卷份数	满意度
客户服务工作								
客服人员的服务态度和礼仪								
信息处理与反馈的及时性								

（续表）

项目	非常满意	比较满意	一般	不满意	非常不满意	发放问卷份数	回收问卷份数	满意度
对客户服务工作投诉的处理								
小计								
处理报修问题的工作人员的服务态度								
维修人员入户维修质量								
小区内电梯、消防设备维护工作								
小区内公共设施维护工作								
小计								
小区秩序维护工作								
秩序维护人员的服务态度								
秩序维护人员的仪容仪表								
对秩序维护工作投诉的处理								
小计								
小区楼道保洁工作								
小区道路及绿化带内保洁工作								
保洁员的服务态度								
对保洁工作投诉的处理								
小区内绿地养护工作								
小计								
小区内机动车管理								
小区治安管理								
物业公司对业主（用户）的告知工作								
接待人员的工作态度								
在小区内组织的活动								
小计								
总计								

（续表）

| 统计人： | 审核人： | 监督人： |

统计日期：

备注：1. 您对物业服务工作有何意见或建议？

2. 入住以来，您觉得小区的哪些物业服务需要改进？

范本

满意率统计表

部门：   日期：

项目	回收总份数（①）	满意率			满意率（⑤）
		满意的份数（②）	较满意的份数（③）	不满意的份数（④）	
服务态度					
服务质量					
投诉处理					
清洁卫生					
园林绿化					
治安管理					
车辆管理					
社区文化					
总体满意率（⑥）					

总户数		发放份数		发放比例	
		回收份数		回收比例	

业主（用户）意见（突出问题）：

（续表）

| 未达标项： |
| 原因分析及改进措施： |
| 经理签字：　　　　　　　　　　　　　　　　　　　　日期： |

注：⑤＝［（②＋③）÷①］×100%，⑥＝（各单项满意率总和÷8）×100%。

范本

满意度分析报告

部门：　　　　　　　　　　　□年　□半年　　　　　　　编号：

质量管理部：　　　　　　　　部门负责人：

序号	项目名称	各单项满意率	备注
1	供电	（＿＿＿＿＿＿÷总数＿＿＿＿）×100%＝	
2	供水	（＿＿＿＿＿＿÷总数＿＿＿＿）×100%＝	
3	投诉接待	（＿＿＿＿＿＿÷总数＿＿＿＿）×100%＝	
4	维修速度	（＿＿＿＿＿＿÷总数＿＿＿＿）×100%＝	
5	维修质量	（＿＿＿＿＿＿÷总数＿＿＿＿）×100%＝	
6	服务态度	（＿＿＿＿＿＿÷总数＿＿＿＿）×100%＝	
7	公共卫生	（＿＿＿＿＿＿÷总数＿＿＿＿）×100%＝	
8	公共设施	（＿＿＿＿＿＿÷总数＿＿＿＿）×100%＝	
9	社区文化	（＿＿＿＿＿＿÷总数＿＿＿＿）×100%＝	
10	护卫执勤	（＿＿＿＿＿＿÷总数＿＿＿＿）×100%＝	
11	园林绿化	（＿＿＿＿＿＿÷总数＿＿＿＿）×100%＝	
12	空调管理	（＿＿＿＿＿＿÷总数＿＿＿＿）×100%＝	
13	电梯管理	（＿＿＿＿＿＿÷总数＿＿＿＿）×100%＝	

（续表）

统计分析方法： 调查表共有（　　　）项调查内容，每项有_____种答复。计算各单项及综合满意率〔各单项满意率计算公式为：（该项满意数÷回收的调查表总数）×100%=该项满意率〕，根据各单项满意率进行总结分析
分析结果（附统计表，本页不够填写时可另附页）：
分析人：　　　　　　　　　　　　　　　　　　　　　日期：

（六）公示和改进

调查结果要予以公示，公示方式同意见征询结果公示方式。

对于未达到质量目标和业主（用户）普遍反映的问题，要采取相应的纠正、预防措施。

下面提供一份满意度调查反映问题改进措施的范本，仅供参考。

范本

致小区业主的一封信
——对业主满意度调查反映的问题的回复

为了在20××年下半年更好地为各位业主服务，我公司××项目管理处近期组织了一次满意度调查，对业主提出的各项建议和意见进行了汇总和分析，并召开专题会议进行了研究，现对业主关注的问题回复如下。

一、电动车充电

关于电动车充电问题，我们极为重视，对其他小区充电情况进行了考察，希望为业主提供便捷、安全、经济的充电方案。根据目前掌握的情况，多数小区电动车露天充电存在极大弊端，容易造成电动车电瓶烧坏甚至自燃，引发火灾。我们的技术人员仍在论证适宜的充电方案，希望广大业主就电动车充电积极献计献策，如有好的方案或建议，可致电客服中心，以便制定合理、便利、可行的充电方案。

二、小区卫生、绿化问题

（1）立即调整保洁岗位的人员。

（2）加强保洁员素质及服务态度培训，提高服务标准。

（3）定期消杀小区公共区域，同时希望各位业主养成出入关门的习惯，不要随处乱扔生活垃圾。

（4）对于小区绿化，我们已安排专人负责定期维护、修剪、浇水。

三、小区停车

（1）对于非机动车辆，我们将安排巡逻队员进行规整，同时希望各位业主主动把车辆停放在车棚内。

（2）对于小区内车辆被划伤的情况，我们会加大巡逻力度，增布岗哨，增加监控。

四、门岗出入管理

（1）我们将对已发现的问题进行整改，进行一次集中整顿，从责任心、服务意识下手，对相关人员进行培训，提升其专业度。

（2）在日常工作中，我们将加大自查与督察力度，同时希望各位业户在百忙之中多提宝贵意见，大家共同建设和谐稳定的生活环境。

（3）关于机动车停放，我们会在＿＿＿年＿＿月中旬将门岗智能系统修复并启用，在＿＿＿年＿＿月中旬对地面车位进行抽签。

五、其他问题

（1）对于公共走廊墙砖脱落的情况，我们已经做了全面统计，现在正在集中维修。

（2）部分业主希望加大巡逻及监控力度，我们已采取相应措施。

感谢一年来广大业主的理解与支持，在今后的工作中，我们将一如既往，真诚地为各位业主提供优质服务。我们希望各位业主共同参与小区建设，积极献计献策。我们会虚心听取广大业主的建议，与各位业主共管共治小区！

让我们携起手来，共创优美、舒适、和谐家园！

×× 物业管理有限公司

20×× 年 × 月 × 日

细节48：提供多样化服务

在消费升级的大背景下，业主（用户）对物业服务的要求越来越高，以"四保"（保洁、保修、保绿和保安）服务为主的传统物业服务已经无法满足人们的需求。物业管理企业应秉持"打造便民生活服务圈"的理念，积极探索更多的增值服务，以满足业主（用户）的个性化和差异化需求，同时也为自己创造更多的收入来源和更大的品牌影响力。

（一）社区服务

物业管理企业可以利用自己的资源和网络，为业主（用户）提供各种便利和社区服务，如代收快递、代缴水电费、代办证件、代理保险等。这些服务不仅可以节省业主（用户）的时间和精力，也可以增加物业管理企业的收益。

（二）生活服务

物业管理企业可以根据业主（用户）的生活习惯和喜好，为他们提供各种个性化和专业化的生活服务，如美居、家政、购物、美容、健身、养老等。这些服务不仅可以提高业主（用户）的生活质量，增加其幸福感，也可以提高物业管理企业的专业度，打造良好口碑。

（三）文化服务

物业管理企业可以借助小区内的公共空间和设施，为居民举办各种丰富多彩的文化活动，如读书会、音乐会、电影会、展览会、讲座会等。这些活动不仅可以丰富业主（用户）的文化生活，也可以增加物业管理企业的文化底蕴和影响力。

经典案例

××园积极探索"物业服务＋生活服务"模式

【案例背景】

××园践行"居民有需求，社区有服务"的理念，深入探索"物业服务＋生活服务"的创新模式，推动物业服务实现高品质、多样化，不断延伸服务边界，增强业主（用户）幸福感。围绕业主（用户）全生命周期的生活需求，××园重点构建环境友好社区、长者友好社区、女性友好社区、儿童友好社区、宠物友好社区。

通过引入优质生态合作伙伴，××园从基础服务孵化出资产运营、家装服务、到家服务、社区传媒、本地生活等服务。

××园打造"智享楼下"社区一站式生活服务模式，从社区居民需求出发，组建多样化服务模块，覆盖多种服务场景，不断丰富社区"一刻钟便民生活圈"，为业主（用户）提供生活好物和洗衣洗护等家庭生活服务，实现一站式的"商品到家""服务到家"。20××年中期业绩报告显示，××园已完成超1 300个常态化"智享楼下"网点建设，覆盖268个城市，建立超700个活跃社群，用户数超过10万。

对于"商品到家"，××园引入多家重点品类优质商家，全年社区线上商城在册品牌超3 000个，让业主（用户）足不出户即可享受数千家品牌提供的商品。

对于"服务到家"，××园20××年推出自有家政服务产品"××到家"，线上订单好评率超过97%。目前，"××到家"产品体系不断迭代升级，初期仅提供家庭保洁、家电清洗、入户维修、房屋代管等基础性家务服务，如今可提供收纳培训、营养顾问、保险理财、家庭教育等专业性家务服务，逐步实现了服务升级。

××园优化家政服务产品，推动家政进社区，建设家政培训基地，提升家政服务从业人员素质，以实际行动促进家政服务业专业化、规模化、网络化、规范化发展，助力家政服务提质扩容。××园推出"保洁到家"服务，打造专职保洁服务团队，有效解决了业主（用户）家居清洁"烦心事"，为业主（用户）创造美好的家居生活。

【案例分析】

当前，物业服务行业已经进入了新的发展阶段。物业管理企业要想实现高质量发展，不断培育新的业务增长点，就要继续深挖消费需求，主动提升服务品质，积极创新服务价值，发展新型服务产品，更好地满足居民个性化、多样化、高品质的消费需求。

细节49：提升物业服务质量

服务质量的高低是由业主（用户）评价的，业主（用户）满意度直接影响物业管理企业的形象，高满意度是减少纠纷和投诉的决定性因素。物业管理企业可以通过图 9-10 所示的措施来提升服务质量。

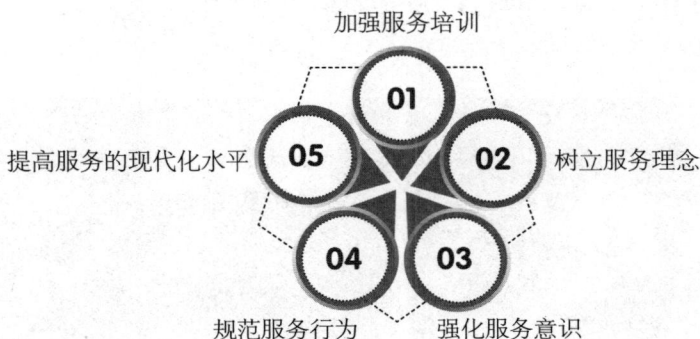

图 9-10　提升服务质量的措施

（一）加强服务培训

物业管理企业提供的是无形的服务，物业管理企业要想让业主（用户）满意，就要从点滴做起，改善服务质量，使每一点改善都能让业主（用户）看到并感到满意。物业管理企业可从图 9-11 所示的两个方面来加强员工培训。

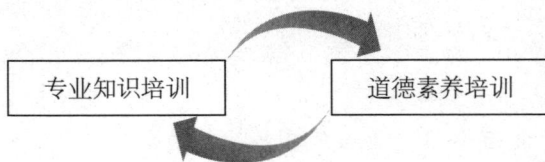

图 9-11　员工培训的内容

1. 专业知识培训

通过接受专业知识培训，员工可以不断提高自身综合素质，学习正确的工作方法。优秀的员工能处理好业主（用户）的投诉，不抱怨，从业主（用户）的投诉着手，提升物业服务的质量。

2. 道德素养培训

物业管理企业对员工道德素养的要求高于对专业素质的要求。所以，在对员工进行专业知识培训的同时，更要注重道德素养方面的培训。

对每一位员工进行道德素养培训，培养员工与人沟通、协作的能力，才能使其具有良好的亲和力。要让每一个物业服务人员都能与业主（用户）建立良好的关系，在日常工作中积极热情地为每一位业主（用户）服务。对于一些提出抱怨甚至投诉的业主（用户），要主动与其沟通、交流。物业服务人员不要怕被业主（用户）指出缺点，要学会感谢业主（用户）提出意见，认识到这是改正和进步的机会，使业主（用户）从逐渐了解自己到最终理解、信赖自己。

图 9-12 为服务礼仪和职业素养培训。

图 9-12　服务礼仪和职业素养培训

> 物业管理企业要想减少投诉，就要加强员工培训，不仅要培训员工使用规范用语、进行规范操作，而且要培训员工运用服务技巧、提高应变能力，还要加强员工的服务意识和职业道德教育，并配合奖惩机制，督促、激励员工提供优质服务。

小提示

（二）树立服务理念

物业管理企业应当把服务理念融入管理过程，切实满足业主（用户）多层面的需求。

1. 在工作中突出服务理念

传统的物业管理工作注重的是对小区运行所需的各项水、电、气等设施进行维护，将工作重点放在管理层面。而现在的物业服务工作强调对业主（用户）的服务，要将服务放在首要位置，开展的一切工作均要有益于业主（用户）。在这种工作理念的指导之下，物业服务人员要主动接近业主（用户），切实从业主（用户）的角度出发，关注并满足其需求。

服务是物业管理企业的灵魂，物业服务人员应当将服务作为责任与追求。

2. 不断更新服务理念

物业服务人员在工作过程中要结合新需求切实优化服务内容，及时更新服务理念。

（1）对公共设施及硬件设备进行有效的运行与维护管理，切实为业主（用户）服务。

（2）未雨绸缪，充分倾听业主（用户）的心声，并向其提供有效服务。

比如，充分关注小区里的老人，为老人提供各类服务；针对一些问题，可以采用张贴温馨提示的方式告知广大业主（用户），避免再次出现同样的问题；美化小区，为广大业主（用户）提供良好的居住环境；将安全工作放在首要位置，加强对常见安全隐患的排查，确保业主（用户）的居住安全。

（3）人们的生活方式日趋多样化，人们的居住需求也发生了深层次变化，因此物业管理企业要针对不同类型的业主（用户）采取合适的服务方式，对业主（用户）的需求进行多层次的分析，如为饲养宠物的业主（用户）提供看护宠物的服务等。

3. 不断调整服务项目

在瞬息万变的市场环境中，物业管理企业应当充分适应市场的变化，结合业主（用户）的新需求调整服务项目，具体措施如图 9-13 所示。

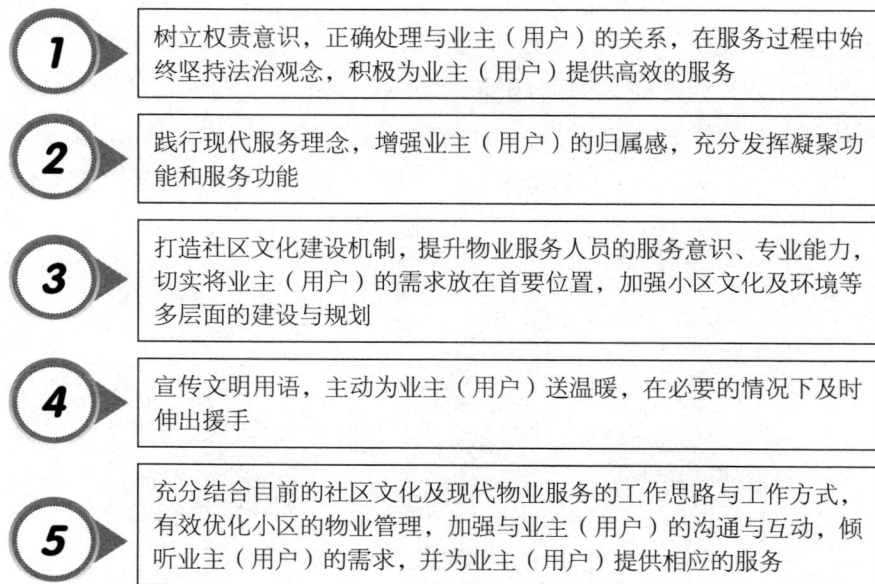

1 树立权责意识，正确处理与业主（用户）的关系，在服务过程中始终坚持法治观念，积极为业主（用户）提供高效的服务

2 践行现代服务理念，增强业主（用户）的归属感，充分发挥凝聚功能和服务功能

3 打造社区文化建设机制，提升物业服务人员的服务意识、专业能力，切实将业主（用户）的需求放在首要位置，加强小区文化及环境等多层面的建设与规划

4 宣传文明用语，主动为业主（用户）送温暖，在必要的情况下及时伸出援手

5 充分结合目前的社区文化及现代物业服务的工作思路与工作方式，有效优化小区的物业管理，加强与业主（用户）的沟通与互动，倾听业主（用户）的需求，并为业主（用户）提供相应的服务

图 9-13　调整服务项目的措施

（三）强化服务意识

要想把服务工作做好，首先要从管理机构着手，转变管理者的思想意识、加强员工的思想道德素质，增强员工的服务意识和创新意识。

1. 管理者要转变思想意识

物业管理企业的管理者应加快转变思想意识，加大培训力度，考察和学习外部优秀企业，不断地引进成功经验。

2. 强化人才引进和培养

要想在激烈的市场竞争中占有一席之地，就必须为市场提供优质的产品。物业管理企业为市场提供的产品是服务，人才是物业管理企业提供优质服务的关键。强化人才引进和培养是物业管理企业提供优质服务的基础。物业管理企业可采取图 9-14 所示的措施引进和培养人才。

| 引进一些具有专业知识和经验的高层次人才 | 措施 | 通过完善制度、培训、定期考核、评比等手段，提高员工素质 |

图 9-14　引进和培养人才的措施

3. 改变内部机制

改革的主要目的就是完善运行机制，增强员工市场竞争意识，提高服务水平，具体可从以下方面着手：加强对员工的考核，奖罚分明；实施竞争上岗，继续聘用符合要求的人员，解聘不符合要求的人员；加强人才选聘，引进先进管理技术。

（四）规范服务行为

规范服务行为的要求如图 9-15 所示。

1 规范服务标准　**2** 引入质量管理体系　**3** 加强与业主（用户）的有效沟通

图 9-15　规范服务行为的要求

1. 规范服务标准

员工统一着装、举止文明、态度和蔼、语言亲切是物业服务的统一标准，只有在服务标准上多下功夫，打造一支业务水平高、经验丰富、素质过硬的队伍，才能满足当今物业管理企业的发展需要，才能满足业主（用户）的需求。

2. 引入质量管理体系

引入 ISO 9001 质量管理体系不仅能保证物业管理各环节工作的切实履行，还能提高服务水平。

通过质量管理体系认证的物业管理企业往往是服务水平高、管理完善、广大业主（用户）信得过的好企业。

3. 加强与业主（用户）的有效沟通

物业管理企业在提高服务质量的同时，还要加强与业主（用户）的联系，经常把有关规定和要求通过各种渠道传达给业主（用户），获得他们的理解、支持和配合，这是减少投诉的重要手段。

（五）提高服务的现代化水平

物业管理企业应加快引入各类技术，提高服务的现代化水平。物业管理企业要积极引进先进技术和设备，精简管理人员，提高服务的准确性和劳动效率。

比如，在物业费用收缴管理中引入专业管理软件，以便员工对大量业主（用户）资料和收费资料进行查询和存档；引入电子安防监控系统、可视对讲系统、周界防越报警系统，可以使安全保卫工作更加便捷，使业主（用户）的生活更加安全；引入信息网络系统，可以使业主（用户）足不出户即满足诸多日常生活需求。

环节 10　客户投诉处理

在接待和处理各类投诉的过程中，物业管理企业可以持续提升自身的服务水平。物业管理企业通过解决投诉，不仅可以纠正工作中的失误或不足，而且可以维护和提升自身的信誉和形象。

一般来说，物业管理企业处理投诉的流程如图 10-1 所示。

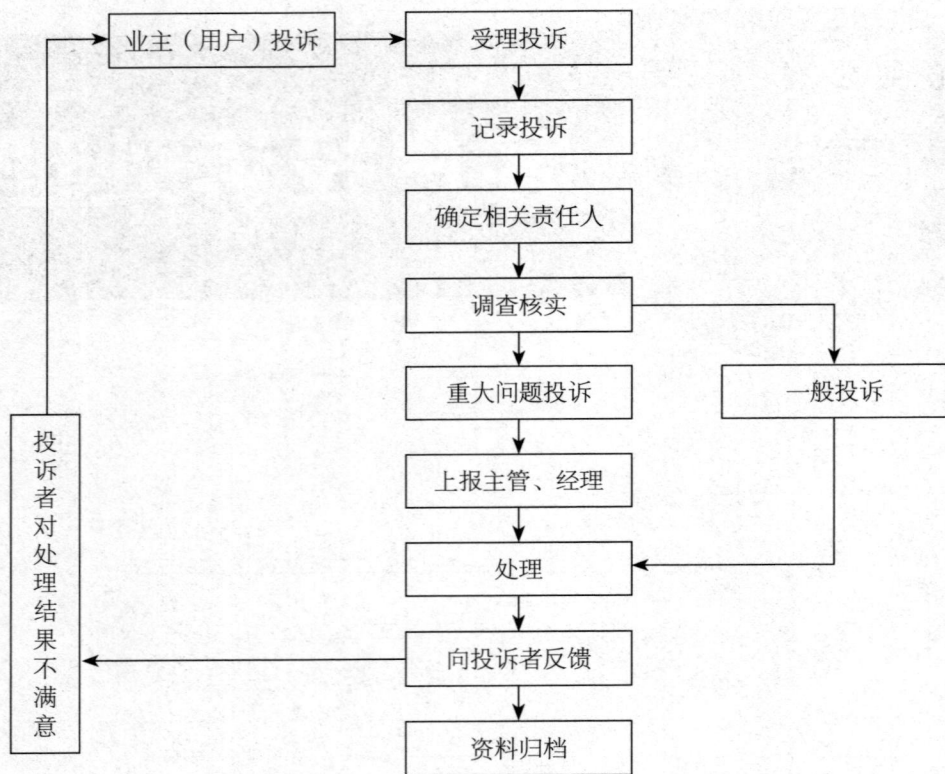

图 10-1　物业管理企业处理投诉的流程

细节50：了解投诉原因

业主（用户）投诉有多方面的原因，有可能是因为开发商遗留问题引起他们的不满，也有可能是因为物业管理企业经营行为不规范，常见原因如下。

（一）开发商遗留问题

开发商遗留问题通常分为图 10-2 所示的两类。

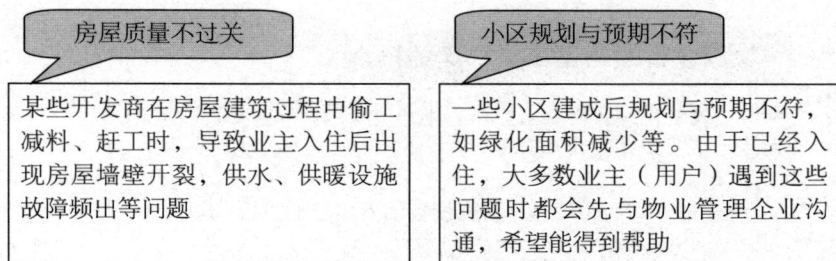

房屋质量不过关	小区规划与预期不符
某些开发商在房屋建筑过程中偷工减料、赶工时，导致业主入住后出现房屋墙壁开裂，供水、供暖设施故障频出等问题	一些小区建成后规划与预期不符，如绿化面积减少等。由于已经入住，大多数业主（用户）遇到这些问题时都会先与物业管理企业沟通，希望能得到帮助

图 10-2　开发商遗留问题

（二）小区环境及配套

业主（用户）因对小区的整体布局、环境设计、各类配套等不满而投诉，主要包括图 10-3 所示的几种情形。

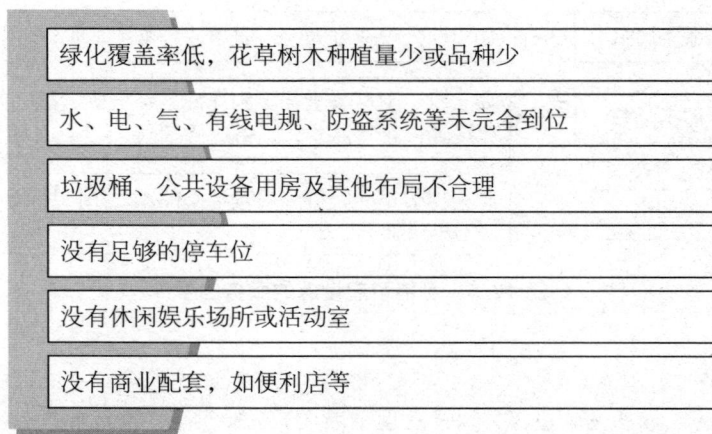

- 绿化覆盖率低，花草树木种植量少或品种少
- 水、电、气、有线电规、防盗系统等未完全到位
- 垃圾桶、公共设备用房及其他布局不合理
- 没有足够的停车位
- 没有休闲娱乐场所或活动室
- 没有商业配套，如便利店等

图 10-3　引起投诉的小区环境及配套因素

（三）设施设备

设施设备引起的投诉主要有图 10-4 所示的两类。

179

设施设备设计不合理引起的投诉

如电梯厅狭窄，电梯外面没有楼层显示屏等

设施设备运行不正常引起的投诉

如经常停梯维修，供水、供电、供暖等设施经常出现故障，门禁系统经常
无法正常使用等

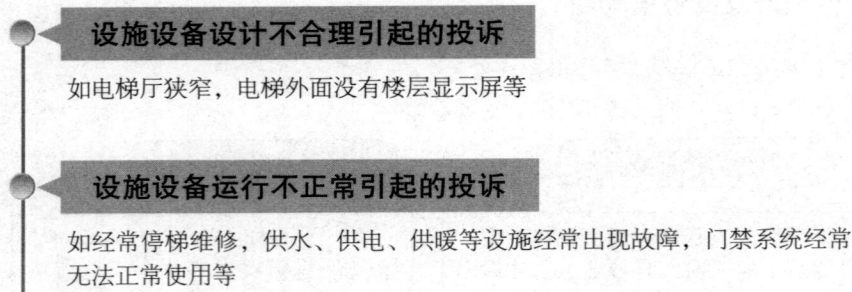

图 10-4　设施设备因素引起的投诉

（四）服务

可能引起投诉的服务因素主要有物业服务人员的服务态度差、服务时效不佳、服务质量不高、服务项目达不到业主（用户）期望等，具体如图 10-5 所示。

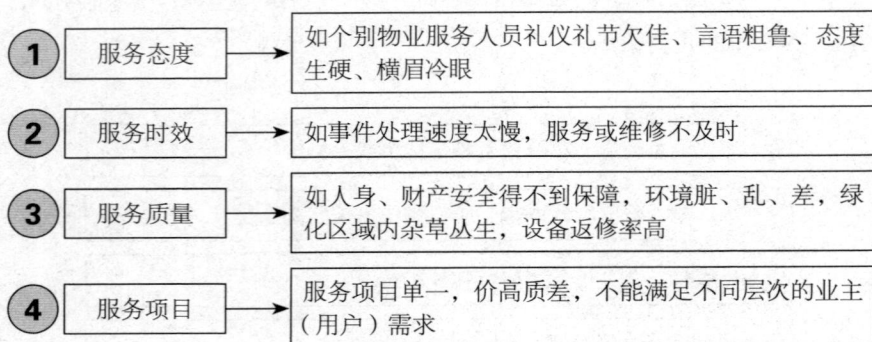

1	服务态度	→	如个别物业服务人员礼仪礼节欠佳、言语粗鲁、态度生硬、横眉冷眼
2	服务时效	→	如事件处理速度太慢，服务或维修不及时
3	服务质量	→	如人身、财产安全得不到保障，环境脏、乱、差，绿化区域内杂草丛生，设备返修率高
4	服务项目	→	服务项目单一，价高质差，不能满足不同层次的业主（用户）需求

图 10-5　可能引起投诉的服务因素

> **小提示**
> 　　由于物业服务人员与业主（用户）个性不同，因此服务因素十分容易引起投诉。

（五）费用

业主（用户）可能因为对物业费、各种分摊费用等感到不满而投诉，主要包括以下两种情形。

（1）物业费用太高，物业管理企业提供的服务与收取的费用不符，多收费少服务，或者只收费不服务。

（2）各类公共能耗等费用的分摊不均或不合理等。

（六）社区文化

业主（用户）可能因为小区内缺少文化气息、社区活动而感到不满，主要包括以下两种情形。

（1）法定节假日没有环境布置，或者布置欠佳。

（2）没有社区活动，文化气息不浓或没有。

（七）突发事件

有些突发事件后果比较严重，直接影响业主（用户）的正常工作与生活，对这类突发事件处理不当极容易导致业主（用户）产生强烈不满，如老人、小孩在小区公共区域受伤，电梯困人，停水停电，突发火灾，车辆丢失，私人物品被盗等。

> **小提示**
>
> 突发事件引起的投诉非常考验物业服务人员的应急能力，如果处理不及时或不当，就可能导致非常严重的后果。

（八）邻里关系

邻里关系引起的投诉是指业主（用户）与左邻右舍产生矛盾但协调不成而转至物业管理企业的各类投诉，主要有以下几种情形。

（1）设计局限造成业主（用户）与邻居之间的防盗门安装不当。

（2）墙体隔音差，影响业主（用户）的正常休息。

（3）装修时，水管铺设不当引起卫生间、厨房及其他部位向下漏水而导致上下层业主（用户）之间产生矛盾。

细节51：理解投诉者心理

充分理解投诉者及其心理是物业管理企业有效处理投诉的关键所在。

（一）投诉者的类型

一般来说，投诉者可分为表 10-1 所示的三类。

表 10-1   投诉者的类型

投诉者的类型	具体说明
职业投诉者	职业投诉者又称专业投诉者，他们在获得物业服务前、中或后，不间断地以各种理由进行投诉，希望通过这样的方式直接或间接地获得经济收益或补偿，以及让物业服务人员为其提供超高水准的服务。投诉的内容往往是小问题，但投诉者总是试图夸大。物业管理企业很容易识别这类投诉者
问题投诉者	绝大多数投诉者属于这一类，他们对已出现的问题感到不满，通过各种有效途径进行反映，要求物业管理企业尽快解决问题。问题解决后，他们的不满就会消除
潜在投诉者	这类投诉者有合理的投诉事由，但出于某种原因并不想投诉，尽管有时也会向自己的亲戚朋友诉苦。这类投诉者只有在被逼急之时才会变成真正的投诉者

（二）投诉者的心理

投诉者的心理可分为表 10-2 所示的三类。

表 10-2   投诉者的心理类型

心理类型	具体说明
求尊重心理	这类业主（用户）往往口气大、来势猛，可能会通过大吵大闹要求物业管理企业不折不扣地为其办事
求发泄心理	这类业主（用户）可能在工作上或家庭生活等中受到了某些挫折，想通过某一件小事发泄心中的郁闷
求补偿心理	这类业主（用户）并不会单刀直入，可能会绕着圈子说话，目的是获得经济上的补偿

细节52：建立投诉处理机制

建立投诉处理机制，有助于物业管理企业快速处理投诉，提高服务水平，树立良好的企业形象，提升业主（用户）满意度。物业管理企业应坚持"谁受理、谁跟进、谁回复"的原则，建立明确的、量化的服务质量标准，以及严格的考核标准和执行制度。

（一）成立投诉处理组织机构

物业管理企业处理投诉一般都采取首问责任制，即无论业主（用户）投诉什么问题，只要通过客服中心投诉，第一位接待投诉的人员必须受理投诉，再根据内部职责分工，落实到相关单位或部门，相关单位或部门处理完毕后，将投诉案件转回首问责任人，由其将处理结果反馈给投诉者。首问责任人必须全程跟踪投诉案件的处理过程，与投诉者保持沟通，随时接受询问。

1. 投诉处理部门的权利

（1）受理权。

（2）调查取证权。

（3）人员借用权。

（4）统筹处理权。

（5）督办权。

（6）处罚建议权。

2. 投诉处理流程

投诉处理流程如图 10-6 所示。

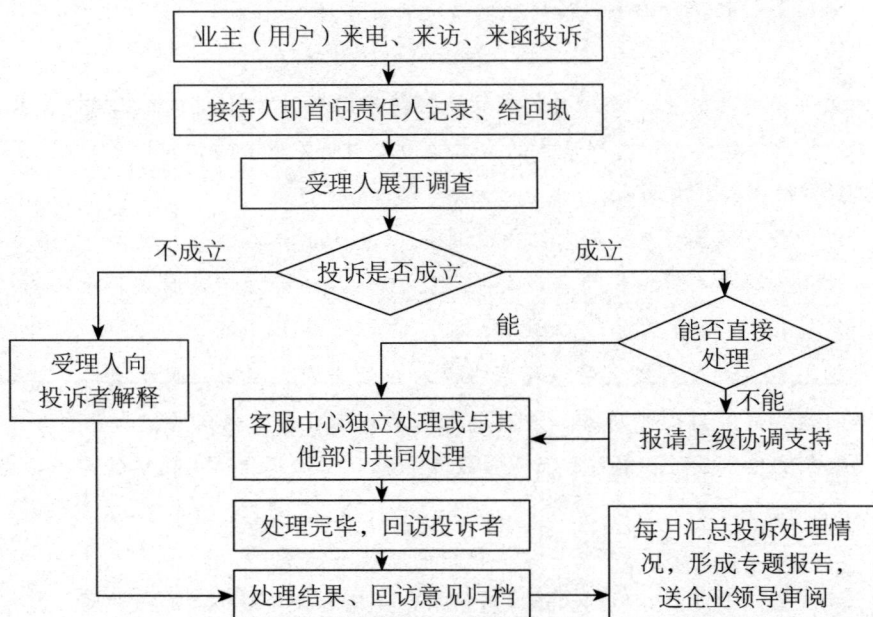

图 10-6　投诉处理流程

（二）制定投诉处理制度

任何一家企业在为客户提供服务的过程中，都无法避免客户的抱怨和投诉。即使是最优秀的企业，也不可能保证永远不接到客户投诉。因此，物业管理企业有必要制定并完善投诉处理制度。

下面提供一份投诉处理制度范本，仅供参考。

范本

某物业管理公司投诉处理办法

第一章　总则

第一条　为规范投诉处理的程序和流程，提高投诉处理的及时性，保证为投诉人提供优质、高效的物业服务，根据相关制度，特制定本考核办法。

第二条　××市××物业管理有限公司所管辖物业范围内的投诉处理工作，均适用于本办法。

第三条　服务中心主要负责投诉的受理、接待、处理、回访及汇总统计工作。每月 25 日将投诉汇总报表送督导室。

第四条　督导室检查投诉的处理情况和处理结果。

第二章　投诉的受理与接待

第五条　服务中心调度员或主管在接待投诉人时，行为举止应热情、大方。未按《住户接待语言行为规范》的要求使用文明服务用语的，扣罚当事人 30 元；引起投诉的，扣罚当事人 50 ~ 200 元。

第六条　调度员未按规定记录投诉项目，包括投诉人、投诉时间、投诉事项、联系方式及接单人等，扣罚当事人 50 元；导致投诉处理不及时或不准确的，扣罚当事人 100 ~ 200 元。

第七条　调度员或主管在接听来电时应使用规范用语，对于投诉人提出的简单问题，应做好详细解答。未按规定用语和标准接听电话的，扣罚当事人 30 元；解释工作不到位，引起投诉人误解或曲解，影响物业公司信誉的，扣罚当事人 50 ~ 100 元。

第三章　投诉的处理与回访

第八条　调度员在接到投诉人投诉后，无论有效投诉还是无效投诉，均应在首报 5 分钟内将相关投诉反馈给相关部门的相关人员。对于无效投诉，经证实后，调度员应向投诉人做好解释工作。对投诉置之不理或不处理的，扣罚当事人 50 元；引起投诉人再次投诉的，扣罚当事人 100 元。

第九条　对于紧急投诉，未在 3 分钟内反馈和上报的，扣罚当事人 100 元；引起严重后果的，扣罚当事人 200 元以上；对于其他投诉，未在 12 小时内处理和反馈的，扣罚当事人 100 元；导致投诉问题积压，影响投诉处理的及时性，引起投诉人再次投诉的，扣罚当事人 200 元。

第十条　调度员或主管安排人员应当科学、合理地处理投诉，并将投诉事项详细告知投诉处理人。调度不合理或交代不清的，扣罚当事人 50 元；投诉问题不能得到及时解决的，扣罚当事人 100 元。

第十一条　投诉处理人在接到调度安排后，无论是否合理，均应服从，及时有效地进行投诉的处理工作。不服从调度安排，态度恶劣的，扣罚当事人 200 元。

第十二条　投诉处理人应在接单后 12 小时内完成投诉的处理。未完成的，须将处理情况和进度反馈给服务中心。与投诉人约定处理时间的，以约定时间为准，但应有书面证明。未在规定时间内完成或反馈的，扣罚当事人 50 元。

第十三条　对于未在规定时间内处理完毕的投诉，投诉处理人应按照规定逐级上报，同时应做好安抚和解释工作。投诉首报 24 小时之内还未处理完毕且不上报或未做好安抚和解释工作的，扣罚当事人 50 元；引起投诉人强烈投诉的，扣罚当事人 100 元。

第十四条　投诉处理方式、方法应当合理合法，解释工作应当到位。投诉处理方式不当或解释不到位的，扣罚当事人 100 元；引起投诉人强烈投诉的，扣罚当事人 200 元，扣罚部门经理 100 元，扣罚主管领导 100 元。引发严重后果的，须作专题报告。

第十五条　公司在全员范围内推行投诉处理"首问责任制"。接到投诉的第一人，不管是否为投诉处理人，均应积极接待，并及时反馈给相关部门，跟进投诉处理情况和结果，并将结果告知投诉人。未按规定跟进投诉，推诿投诉问题，未及时反馈给相关人员或部门，导致投诉处理工作未落实的，当事人当月工资下浮 100 元。

第十六条　投诉处理完毕后，投诉处理人应在 12 小时内将处理结果反馈给服务中心。未及时反馈，导致投诉汇总工作出现漏报的，当事人当月工资下浮 50 元。

第十七条 对于已经处理完毕的投诉，服务中心应根据反馈的信息，在一周内进行电话回访。对于重大投诉，应安排相应的物业助理进行上门回访，回访应当有书面记录或回执。未在规定时间内完成电话回访的，当事人当月工资下浮30 元。重大投诉回访未在规定时间内完成或无书面记录、回执的，当事人当月工资下浮 50 元。

<h3 style="text-align:center">第四章 投诉处理的监督和检查</h3>

第十八条 服务中心于每月 25 日将投诉汇总报表送督导室，存在漏报、错报和不报行为的，服务中心主任当月工资下浮 200 元，服务中心主管领导当月工资下浮 100 元。督导室每月至少抽查 2 次投诉处理情况，督导室未按规定时间进行督导的，督导室主任当月工资下浮 200 元。

第十九条 各部门负责人应对本部门的投诉处理情况进行抽查。不能及时处理问题，投诉处理率未达到 100% 的，扣罚相关责任人 300 元。

第二十条 以上的违规行为，连续发生 2 次，当事人和部门领导加倍处罚；连续发生 3 次，劝当事人离职。

<h3 style="text-align:center">第五章 附则</h3>

第二十一条 以上扣罚均从当事人或责任人当月的奖金中予以扣除，直至扣完为止。

第二十二条 本办法由 ×× 物业管理有限公司负责解释。

第二十三条 本办法自下发之日起施行。

细节53：妥善处理投诉

（一）投诉的受理

（1）客服中心接到投诉后应及时登记，受理诉时应收集的信息包括投诉者的姓名、地址、联系电话、投诉事件等。受理投诉时应对投诉者表示尊重和关心，了解事件的真相、投诉者的感受和投诉者想通过投诉达到的目的；受理结束时，要向投诉者致歉或感谢其对物业服务工作的支持。受理邻里纠纷投诉时，不要强行索要房号、姓名等信息，以免造成反感。

（2）受理人员对不了解的事情切忌猜测和主观臆断。受理人员能够及时处理的投诉要及时处理，不能及时处理的，应与投诉者约定反馈期限，然后立即将投诉信息转达给客服负责人（或指定岗位人员），由其处理投诉。

（3）客服中心须每日盘点当日受理的投诉，以防遗漏或延误投诉处理时机，导致投诉升级或矛盾激化。

（二）投诉的处理

（1）客服负责人根据投诉内容，安排协调人员到现场了解情况。

（2）根据了解的情况拟定处理措施，在约定或规定的时间内进行回复。

（3）如果投诉者同意，则按双方达成的一致意见处理；如果投诉者不同意，则进一步与其沟通和协商，直至双方达成一致意见。

（4）对努力后仍不能及时处理的投诉，客服中心应及时向上级部门报告，由其负责处理、跟进和回访。

（5）对于无理投诉，应尽量耐心解释，运用适当的沟通技巧说服投诉者。

（三）网上投诉处理

（1）客服中心应重视网上投诉，安排人员关注网上投诉，及时将网上投诉告知被投诉业务负责人或指定岗位人员，由其调查投诉事件真相。

（2）被投诉部门应立即调查、了解投诉事件，并将事实及拟处理措施经部门负责人审批后反馈至客服中心和上级部门，严禁直接在网上回复。影响面较大、可能引起跟帖或群诉的网上投诉，处理措施须先报上级部门审核。

（3）投诉产生或客服中心转发投诉信息后，客服中心须在限定时间内回复，工作时间内的网上投诉应在当天内回复具体措施，非工作时间内的网上投诉应在上班的当天回复具体措施。

（4）对于网上投诉，不能推卸责任，回复内容要涵盖所有的投诉问题，要体现专业性；不得消极应付，不能采取轻视态度，防止回复不当引发公愤。

细节54：回访投诉者

投诉处理完毕且验证合格后，物业服务人员应及时回访投诉者，并记录其意见。

（一）无须回访的情况

以下三种情况无须回访。

（1）现场已处理并得到投诉者满意回复的投诉。

（2）匿名投诉、无法取得联络方式的网上投诉。

（3）不便回访的敏感投诉等。

（二）回访内容、形式

回访内容主要是征询投诉者对投诉受理过程、处理措施、处理结果的意见。回访形式包括电话交流、上门访谈、网上回帖和调查问卷等。

回访人须填写如表 10-3 所示的投诉处理回访单。

表 10-3　投诉处理回访单

投诉者姓名		联系方式	
投诉时间及内容：			
处理人、处理办法及处理结果：			
投诉者对投诉处理的意见：			
回访人		回访日期	

> **小提示**　　如投诉者因个人原因抗拒回访或访谈，一定要记录清楚，避免因回访或访谈再次引发投诉。

细节55：整理投诉档案

物业服务人员可以按月或季度将投诉记录文件归类存档，总结经验与教训，进一步完善服务工作。

在处理投诉过程中形成的各类记录文件均为投诉档案。

（1）投诉处理完毕后应统一将投诉档案永久保存。

（2）客服中心应指定专人收集、保存投诉档案，并纳入统计分析。

（3）重大投诉应单独立卷保存。

细节56：投诉统计与分析

（一）投诉统计

客服中心应每月统计一次投诉。统计的内容包括对投诉原因及性质的分析、投诉总件数、投诉具体内容、采取的纠正措施及经验与教训总结（即拟采取的预防措施）、投诉处理结果（投诉是否关闭）等。

（1）以各种途径受理的各种形式的投诉均应纳入统计，包括来访投诉、来电投诉、书信投诉、电子邮件投诉、网上论坛投诉、报刊投诉等，同时也包含上级部门、相关单位传递的与物业服务相关的投诉。

（2）对于所有已受理的投诉，受理人都应完整记录，由专人核实，确定是否予以统计和分析。

（3）对于同一投诉者提出的不同投诉，应在相应的投诉类型中分别统计。

（4）多次多人对同一事件投诉，按一件投诉统计，但应在投诉内容中具体说明投诉人数、投诉次数及影响程度。

（5）网上投诉按投诉内容统计，多次多人对同一事件投诉或跟帖，按一件投诉统计，但应具体说明跟帖热度及投诉对现实的影响程度，跟帖中出现的新投诉应另行统计。

（6）所有投诉应按其产生原因进行分类统计，避免根据投诉者投诉时所描述的现象进行分类。

（7）投诉是否关闭，以回访时投诉者对投诉处理结果是否满意作为判断依据。对于无须回访的投诉，以处理完毕后一周内无再次投诉作为投诉关闭的依据。

（二）投诉分析

投诉分析的内容包括对投诉总量、投诉类型、投诉趋势等的比较和原因分析，具有针对性的纠正措施，重点投诉、代表性投诉个案的深度剖析等。建议深层次挖掘投诉产生与项目定位、客户群体、服务标准、收费标准、资源成本等方面的关系，为今后同性质项目的物业服务工作提供参考依据。

1. 投诉总体分析

分析投诉总数及其发展趋势（各时间段的比较）、各月投诉量及产生原因。例如，投诉可能与新业主入住或新员工培训不到位等有关。

分析各类型投诉总数及相应的业务强弱项，着重从中挖掘业主（用户）关注事项，找出工作中的不足之处并采取措施避免类似投诉再次发生。

2. 投诉重点分析

投诉重点分析的对象是影响服务过程质量的人、机、料、法（见表 10-4）。

表 10-4　投诉重点分析的对象

因素	说明
人	由物业服务人员引起的投诉，主要涉及： （1）服务态度——职业道德、敬业精神、服务礼仪、服务心态等 （2）服务规范——是否严格按照有关规定、流程、标准、时限提供服务 （3）服务技能——是否拥有岗位要求的基本技能、专业知识和服务技巧等
机	由物业服务设施引起的投诉，主要涉及： （1）外观完好性——服务设施外观是否完好，包括外观是否整洁、无破损，有无安全隐患，配件、说明书是否齐全等 （2）质量合格性——服务设施的质量是否合格，是否经常失效等 （3）功能适用性——服务设施功能是否适用，其设置是否充分发挥了功效
料	由物业服务过程中使用的物料（主要是低值易耗品、标识等）或提供的信息引起的投诉
法	由物业服务过程中的规范、流程、标准、管理方法、服务方式等引起的投诉

3. 投诉个案分析

投诉个案分析是指针对具有代表性、影响面大的投诉，分析投诉要点及反映的突出问题、投诉产生的原因、处理过程和结果、事件恶化的原因、经验教训和纠正措施等。

4. 投诉处理措施及建议分析

对于投诉的处理措施、建议，也要进行分析，找出有效的方法，以指导日后的工作。